에듀윌과 함께 시작하면,
당신도 합격할 수 있습니다!

이 일 저 일 전전하다 관리자가 되려고 시작해
최고득점으로 동차 합격한 퇴직자

4살 된 딸아이가 어린이집에 있는 동안 공부해
고득점으로 합격한 전업주부

밤에는 대리운전, 낮에는 독서실에서 공부하며
에듀윌의 도움으로 거머쥔 주택관리사 합격증

누구나 합격할 수 있습니다.
시작하겠다는 '다짐' 하나면 충분합니다.

마지막 페이지를 덮으면,

에듀윌과 함께
주택관리사 합격이 시작됩니다.

eduwill

15년간
베스트셀러 1위

기초서

기본서

기출문제집

핵심요약집

문제집

네컷회계

주택관리사
교재 보기

베스트셀러 1위 교재로
따라만 하면 합격하는 커리큘럼

STEP 1	STEP 2	STEP 3	STEP 4
기초 이론	이론 완성 1 이론 완성 2	핵심 이론 문제 풀이	마무리 특강 동형 모의고사
시작에 필요한 기초 개념 확인	기본서 반복으로 탄탄한 이론 완성	빈출이론&문제 한 번에 정리	다양한 실전 연습으로 쉬운 합격 완성

* 커리큘럼의 명칭 및 내용은 변경될 수 있습니다.

업계 유일 5년 연속 최고득점자 배출

에듀윌 주택관리사의 우수성, 2023년에도 입증했습니다!

2019 주택관리관계법규 김O영 합격생

2020 주택관리관계법규 김O령 합격생 공동주택관리실무 김O민 합격생

2021 주택관리관계법규 최O진 합격생 공동주택관리실무 정O헌 합격생

2022 공동주택관리실무 송O호 합격생

2023 공동주택관리실무 김O우 합격생

2023 최고득점자

제26회 시험 공동주택관리실무 최고득점자

김O우 합격생

과목별로 최고의 교수님들을 다수 보유하고 있다 보니 그중 제게 맞는 교수님을 선택해서 수강할 수 있었습니다. 2019년부터 매년 과목별 최고 득점자들을 배출했다는 말을 듣고 망설임 없이 에듀윌 주택관리사를 선택하게 됐습니다. 게다가 합격 이후 취업까지 도와주는 '주택 취업지원센터'가 있다는 것도 큰 장점이 아닌가 싶습니다. 에듀윌 교수님들 덕분에 원하는 목표 이상의 성과를 이뤄냈습니다. 에듀윌의 완벽한 교육 시스템에 본인의 노력을 더한다면 분명 누구나 원하는 목표를 달성할 수 있으리라 생각합니다.

주택관리사,
에듀윌을 선택해야 하는 이유

오직 에듀윌에서만 가능한 합격 신화
5년 연속 최고득점자 배출

2023
최고득점

합격을 위한 최강 라인업
주택관리사 명품 교수진

회계원리 윤재옥 · 시설개론 이강일 · 민법 신의영 · 시설개론 신명 · 관계법규 윤동섭 · 관리실무 김영곤

주택관리사

합격부터 취업까지!
에듀윌 주택취업지원센터 운영

합격생들이 가장 많이 선택한 교재
15년간 베스트셀러 1위

1위

주택관리사 공부의 시작

1차 기초서 3주 완성 플래너

※ 권장학습기간(3주)은 에듀윌 이론강의에 기반하였습니다. 자세한 사항은 에듀윌 주택관리사 홈페이지에서 확인하세요.
※ 학습 전에 미리 계획을 세워 보고, 실제 계획대로 공부했는지 체크해 보세요.

| 구분 | | 권장학습 기간 | 계획한 날짜 | 공부한 날짜 |
SUBJECT	CHAPTER			
1. 회계원리	01. 회계의 기초	3주	/ ~ /	/ ~ /
	02. 재무상태와 경영성과		/ ~ /	/ ~ /
	03. 회계의 순환과정		/ ~ /	/ ~ /
2. 공동주택 시설개론	01. 건축구조		/ ~ /	/ ~ /
	02. 건축설비		/ ~ /	/ ~ /
3. 민법	01. 민법 통칙		/ ~ /	/ ~ /
	02. 권리의 주체와 객체		/ ~ /	/ ~ /
	03. 권리의 변동과 그 원인		/ ~ /	/ ~ /
	04. 물권법		/ ~ /	/ ~ /
	05. 채권법		/ ~ /	/ ~ /

MEMO

에듀윌이
너를
지지할게
ENERGY

세상을 움직이려면
먼저 나 자신을 움직여야 한다.

– 소크라테스(Socrates)

합격할 때까지 책임지는 개정법령 원스톱 서비스!

기준 및 법령 개정이 잦은 주택관리사 시험,
개정사항을 어떻게 확인해야 할지 막막하고 걱정스러우신가요?
에듀윌에서는 필요한 개정법령만을 빠르게! 한번에! 제공해 드립니다.

에듀윌 도서몰 접속 (book.eduwill.net)	▶	도서자료실 클릭

개정법령
확인하기

2025

에듀윌 주택관리사

기초서 1차

회계원리 | 공동주택시설개론 | 민법

주택관리사, 무슨 일을 하나요?

주택관리사란?	주택관리사(보) 합격증서	+	대통령령으로 정하는 주택 관련 실무 경력	→	주택관리사 자격증 발급

하는 일은?	공동주택, 아파트 등의 관리사무소장은 물론, 주택관리 전문 공무원, 공동주택 또는 건물관리 용역 업체 창업 등 취업의 문이 넓습니다.

주택관리사(보) 시험에서는 어떤 과목을 보나요?

제1차

1교시 (총 100분)	회계원리	세부과목 구분 없이 출제 ※ 회계처리 등과 관련된 시험문제는 한국채택국제회계기준(K-IFRS)을 적용하여 출제
	공동주택 시설개론	목구조·특수구조를 제외한 일반건축구조와 철골구조, 홈네트워크를 포함한 건축설비개론 및 장기수선계획 수립 등을 위한 건축적산 포함
2교시 (총 50분)	민법	총칙, 물권, 채권 중 총칙·계약총칙·매매·임대차·도급·위임·부당이득·불법행위

▶ 과목별 각 40문항이며, 전 문항 객관식 5지 택일형으로 출제됩니다.

제2차

1교시 (총 100분)	주택관리 관계법규	다음의 법률 중 주택관리에 관련되는 규정: 「주택법」, 「공동주택관리법」, 「민간임대주택에 관한 특별법」, 「공공주택 특별법」, 「건축법」, 「소방기본법」, 「화재의 예방 및 안전관리에 관한 법률」, 「소방시설 설치 및 관리에 관한 법률」, 「승강기 안전관리법」, 「전기사업법」, 「시설물의 안전 및 유지관리에 관한 특별법」, 「도시 및 주거환경정비법」, 「도시재정비 촉진을 위한 특별법」, 「집합건물의 소유 및 관리에 관한 법률」
	공동주택 관리실무	시설관리, 환경관리, 공동주택회계관리, 입주자관리, 공동주거관리이론, 대외업무, 사무·인사관리, 안전·방재관리 및 리모델링, 공동주택 하자관리(보수공사를 포함한다) 등

▶ 과목별 각 40문항이며, 객관식 5지 택일형 24문항, 주관식 16문항으로 출제됩니다.

상대평가, 어떻게 시행되나요?

선발예정인원 범위에서 선발!

국가에서 정한 선발예정인원(선발예정인원은 매해 시험 공고에 게재됨) 범위에서 고득점자 순으로 합격자가 결정됩니다.

※2024년 제27회 선발예정인원 1,600명

제1차는 평균 60점 이상 득점한 자, 제2차는 고득점자 순으로 선발!

제1차	매 과목 40점 이상, 전 과목 평균 60점 이상 득점한 사람 중에서 선발합니다.
제2차	매 과목 40점 이상, 전 과목 평균 60점 이상 득점한 사람 중에서 선발하며, 그중 선발예정인원 범위에서 고득점자 순으로 결정합니다. 선발예정인원에 미달하는 경우 전 과목 40점 이상자 중 고득점자 순으로 선발하며, 동점자로 인하여 선발예정인원을 초과하는 경우에는 동점자 모두를 합격자로 결정합니다.

2020년 상대평가 시행 이후 제2차 시험 합격선은?

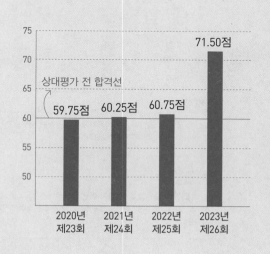

4개년 합격선 평균 63.1점!

상대평가 시행 이후 제25회 시험까지는 합격선이 60점 내외로 형성되었지만, 제26회에는 평균 71.50점에서 합격선이 형성되며 합격에 필요한 점수가 상당히 올라갔습니다. 앞으로도 에듀윌은 변화하는 수험 환경에 맞는 학습 커리큘럼과 교재를 통해 수험자 여러분들을 합격의 길로 이끌겠습니다.

에듀윌 기초서로 시작해야 하는 이유!

"어디서부터 어떻게 시작해야 하지?"
"기초 개념도, 용어도 하나도 모르는데…"

고민은 그만, 에듀윌 기초서로 시작하세요!

베스트셀러 1위, 합격생이 인정한 교재

합격생 A

> 기초서를 통해 각 과목의 특성을 간략히 파악하고, 어떤 식으로 준비해야 할지 감을 잡으니 이후 학습이 훨씬 수월했던 것 같습니다.

합격생 B

> 중점을 두고 공부해야 할 부분을 짚어주니 공부 중에 해당 내용이 나오면 더 집중하게 되더라구요.

* YES24 수험서 자격증 주택관리사 기본서 베스트셀러 1위
 - 1차 2023년 9월 월별 베스트
 - 2차 2020년 9월 3주 주별 베스트

초보 학습자를 위한 기초용어 완벽 학습

무슨 뜻인지
전혀 모르겠어!

용어 보충	재무제표

결산이 끝난 후 기업이 정보이용자에게 제공하는 재무보고서. 정
제공하기 위한 일반목적재무보고서이다.

용어 보충	법원(法源)

'법의 연원'의 줄임말로서, 법이 어떤 형태로 존재하고 또 어떻게
적으로 법원(法源)은 법관이 재판을 할 때에 적용하여야 할 기
해석한다.

어렵고 낯선 용어, 접해보지 못한 개념

기초부터 탄탄하게 잡아주는 **입문서!**

전체 학습의 기반이 되는 체계적인 입문서

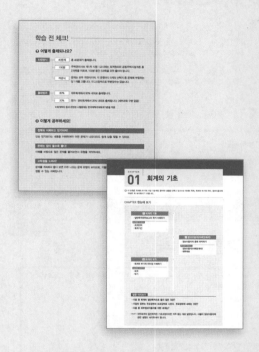

각 과목 이해도 높이기

공부를 어떻게 시작해야 할지 막막할 때,

각 과목별로 어떻게 공부해야 할지 파악할 수 있습니다.

학습의 시작이 한층 수월해집니다.

단원별 기초 흐름 파악

각 CHAPTER에서 무엇을 배우는지 전반적인 내용을 살펴보고 흐름을 파악해 보세요.

중점을 두고 공부해야 할 부분을 더 꼼꼼히 학습할 수 있습니다.

➕ PLUS   기초를 탄탄히 다진 후에는?

합격을 위한 첫걸음을 뗀 여러분을 위한 교재!

기초서를 통해 쌓은 기초 지식을 바탕으로
이론 학습을 시작하세요.

2025 에듀윌 주택관리사 기본서(5종)

1차: 2024년 8월, 2차: 2024년 11월 출간 예정

※ 상기 교재의 이미지는 변경될 수 있습니다.

구성과 특징

❶ 시험 개요 및 학습 TIP

각 과목의 시험방식과 출제범위를 알아 보고, 각 과목별로 어떻게 공부하면 좋을지 학습 방향도 함께 확인할 수 있습니다.

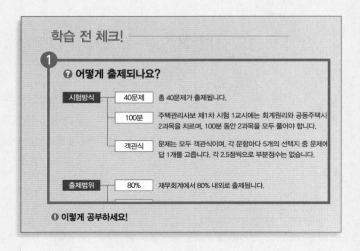

❷ CHAPTER 한눈에 보기

각 CHAPTER마다 어떤 내용을 중점적으로 학습해야 하는지, 어떤 용어를 배우는지 확인할 수 있습니다.

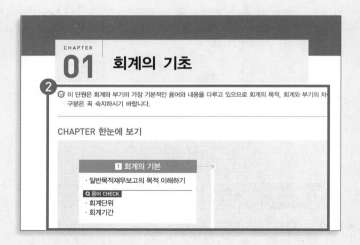

❸ 용어 보충

개념을 공부할 때 반드시 알아야 하는 용어를 쉬운 설명을 통해 학습할 수 있습니다.

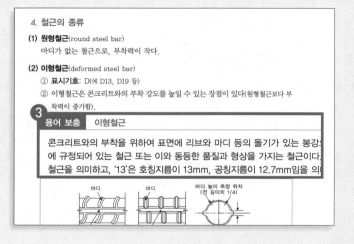

(2) 종물의 효과

① 종물은 주물의 처분에 따른다(제100조 제2항, 임의규정).

② 주물·종물에 관한 민법 제100조 제2항은 권리 상호간에도 유추적용된다.

⇨ 타인의 토지에 있는 건물에 저당권이 설정된 경우, 그 저당권의 효력은 건물뿐 아니라 그 건물 소유를 목적으로 하는 토지에 대한 권리인 임차권 또는 지상권에도 미친다.

❹

이렇게 출제!

05 물건에 관한 설명으로 옳지 않은 것은? (다툼이 있으면 판례에

① 권리의 객체는 물건에 한정된다.

② 사람은 재산권의 객체가 될 수 없으나, 사람의 일정한 행위는 재
될 수 있다.

③ 사람의 유체·유골은 매장·관리·제사·공양의 대상이 될 수 있
분묘에 안치되어 있는 선조의 유체·유골은 그 제사주재자에게

❺

중요 개념 확인하기!

❶ 태아 乙의 출생 전에 甲의 불법행위로 乙의 父가 사망한 경우, 출생한 乙은 甲에 대하여 父의 사망에 따른 자신의 정신적 손해에 대한 배상을 청구할 수 있다.

❷ 피성년후견인이 성년후견인의 동의를 얻어서 한 부동산 매도행위는 특별한 사정이 없는 한 취소할 수 있다.

❸ 부재자의 후순위 재산상속인은 선순위 재산상속인이 있는 경우에도 실종선고를 청구할 수 있다.

❹ 외형상 법인의 대표기관의 직무관련 행위가 개인적 이익을 위한 행위 또는 법령을 위반한 행위인 경우에도 직무관련성을 인정한다.

❺ 원칙적으로 주물과 별도로 종물만을 처분할 수 있다.

---

❹ 이렇게 출제!

기초 개념이 어떻게 출제되는지 대표 문제로 출제 패턴을 파악할 수 있습니다.

❺ 중요 개념 확인하기!

CHAPTER 마지막에 있는 '중요 개념 확인하기!'를 통해 학습한 용어를 다시 한 번 상기하고 중요한 개념을 점검할 수 있습니다.

➕ 특별제공

3주 학습 플래너

기초서 학습에 최적화된 3주 학습 플래너를 따라 공부해 보세요.

효율적인 학습으로 합격의 기초를 다지세요.

차례

SUBJECT 3 | 민법

SUBJECT 1

회계원리

학습 전 체크!

❓ 어떻게 출제되나요?

시험방식		
	40문제	총 40문제가 출제됩니다.
	100분	주택관리사보 제1차 시험 1교시에는 회계원리와 공동주택시설개론 총 2과목을 치르며, 100분 동안 2과목을 모두 풀어야 합니다.
	객관식	문제는 모두 객관식이며, 각 문항마다 5개의 선택지 중 문제에 부합하는 답 1개를 고릅니다. 각 2.5점씩으로 부분점수는 없습니다.

출제범위		
	80%	재무회계에서 80% 내외로 출제됩니다.
	20%	원가ㆍ관리회계에서 20% 내외로 출제됩니다. (세부과목 구분 없음)

※ 회계처리 등과 관련된 시험문제는 한국채택국제회계기준(K-IFRS)을 적용

❗ 이렇게 공부하세요!

정확히 이해하고 암기하자!

단순 암기보다는 내용을 이해하여야 어떤 문제가 나오더라도 쉽게 답을 찾을 수 있어요.

문제는 많이 풀수록 좋다!

이해를 바탕으로 많은 문제를 풀어보면서 유형을 파악하세요.

고득점을 노려라!

문제를 계속해서 풀다 보면 자주 나오는 문제 유형이 보이므로, 기출문제 위주로 공부하면 단기간에 고득점할 수 있는 과목입니다.

01 회계의 기초

✅ 이 단원은 회계와 부기의 가장 기본적인 용어와 내용을 다루고 있으므로 회계의 목적, 정보이용자의 구분, 회계와 부기의 차이를 꼭 숙지하시기 바랍니다.

CHAPTER 한눈에 보기

1 회계의 기본

· 일반목적재무보고의 목적 이해하기

Q 용어 CHECK
· 회계단위
· 회계기간

2 정보이용자(이해관계자)

· 정보이용자의 종류 파악하기

Q 용어 CHECK
· 정보이용자(이해관계자)
· 재무제표

3 회계와 부기

· 회계와 부기의 차이점 이해하기

Q 용어 CHECK
· 회계
· 부기

발문 미리보기

• 다음 중 회계의 일반목적으로 옳지 않은 것은?

• 기업의 장부는 주요장부와 보조장부로 나뉜다. 주요장부에 속하는 것은?

• 다음 중 외부정보이용자를 위한 회계는?

|POINT| 재무회계의 일반목적은 기초과정이지만 자주 묻는 대표 발문입니다. 더불어 정보이용자에 관한 설명도 숙지하셔야 합니다.

1 회계의 기본

1. 회계의 정의

'회계(會計, Accounting)'란 기업실체가 경영활동에서 발생하는 경제가치의 변화를 일정한 원리원칙에 따라 기록·계산·정리하여 보고함으로써 정보이용자(이해관계자)의 경제적 의사결정에 유용한 정보를 제공하는 정보시스템(Information System)이다.

▶▶ 회계의 내부적 기능과 외부적 기능의 비교

회계의 내부적 기능(정보의 생산)	회계의 외부적 기능(정보의 이용)
• 정보의 식별 • 정보의 측정 및 인식 • 정보의 분류 및 집계 • 정보의 보고 및 전달 • 정보의 보존 및 관리	• 과거 사건의 증빙(증명) • 이해 조정

2. 기업실체

회계의 주체는 기업이다. 기업은 기업주(주주)로부터 독립된 하나의 인격체(법인, 개인)이다.

3. 경제가치

(1) 재무상태: 자산, 부채, 자본

(2) 경영성과: 영업활동 결과 재무상태의 변동으로 나타난다.
① **수익**: 자본의 증가 원인
② **비용**: 자본의 감소 원인

4. 일정한 원리원칙

(1) 기록 방법에 따른 분류
① **단식부기**: 현금의 수입과 지출 또는 채권·채무의 증감변화를 일정한 기준 없이 기록·계산하는 방법이다.

② **복식부기**

　　㉠ 기업에서 영업활동 결과 발생한 재무상태의 증감변화를 일정한 원리·원칙에 따라 조직적으로 기록·계산하는 방법이다.

　　㉡ 특징: 거래의 이중성, 대차평균의 원리, 자기검증기능

▶ **단식부기와 복식부기의 비교**

단식부기	복식부기
• 주관적이며 원칙이 없음	• 객관적이며 원리·원칙이 있음
• 필요한 거래사실만 기록	• 모든 거래를 체계적으로 기록
• 기간손익계산이 불가능	• 정확한 기간손익계산이 가능
• 기장상의 오류 발견이 어려움	• 기장상의 오류 발견이 용이(자기검증기능)

참고 　복식부기의 유래

복식부기에 관한 세계 최초의 기록은 1494년 이탈리아 베네치아에서 출간된 루카 파치올리 (Lucas Pacioli, 1447~1517)의 「산술, 기하, 비례총람」에서 찾아볼 수 있다. 그 후 17~18 세기에는 이탈리아식 부기가 유럽 각 지역에 전파되었고, 20세기 초까지 영국·미국을 중심으로 발전하였으며, 조선 말기에 서양의 신문물이 소개되면서 우리나라에 전해지게 되었다. 우리나라에서는 고려시대에 개성을 중심으로 '송도사개치부법(松都四介治簿法, 송도부기, 개성부기)'이라는 고유의 복식부기가 생성·사용되었다고 하는데, 이 송도부기는 이탈리아식 부기보다 약 200년 이상 앞선 것으로 추정되고 있다.

(2) 영리 목적 유무에 따른 분류

① **영리부기**: 영리를 목적으로 하는 경영주체가 사용하는 부기로서 상업부기, 공업 부기, 은행부기, 보험부기, 농업부기, 수산업부기 등이 있다.

② **비영리부기**: 영리를 목적으로 하지 않는 단체가 사용하는 부기로서 가계부기, 학 교부기, 관청부기, 재단부기 등이 있다.

(3) 회계단위(장소적 범위)

기업은 영업장소에 따라 독립적인 장부를 갖출 수 있다. 즉, 하나의 기업은 여러 개 의 장부조직으로 구성된다. 예를 들어, 본점과 지점, 본사와 공장은 각각의 독립된 장부를 가지고 있다. 장부는 기업의 경영활동에서 발생하는 거래를 기록하는 장소 적 조직이며, 장부의 종류에는 주요부와 보조부가 있다.

① **주요부**: 모든 거래를 기록하는 장부로서, 분개장과 총계정원장이 있다.

　　㉠ 분개장: 거래의 발생순서에 따라 가장 먼저 기록하는 최초의 기록수단이며, 분개가 누락되면 장부기입에 오류가 발생한다. 분개장의 내용은 총계정원장 에 전기하는 기초자료가 된다.

ⓛ **총계정원장**: 장부의 핵심이며, 거래를 계정과목별로 집계하므로 결산의 자료로 제공한다.

② **보조부**: 주요부의 기록을 보조하는 장부로서, 보조기입장과 보조원장이 있다.

㉠ **보조기입장**: 분개장을 보조하는 장부로서, 특수분개장으로 사용이 가능하다.

현금출납장	현금의 수입과 지출을 기록하는 현금계정의 보조장부
당좌예금출납장	당좌예입과 인출(수표발행)을 기록하는 당좌예금계정의 보조장부
매입장	상품매입을 기록하는 매입(상품)계정의 보조장부
매출장	상품매출을 기록하는 매출(상품)계정의 보조장부
받을어음기입장	받을어음의 증감을 기록하는 받을어음계정의 보조장부
지급어음기입장	지급어음의 증감을 기록하는 지급어음계정의 보조장부

㉡ **보조원장**: 총계정원장을 보조하는 장부로서, 총계정원장의 특정계정(통제계정)을 상세히 기록하는 장부이다.

상품재고장	상품의 재고현황을 기록하는 상품계정의 보조장부
매출처원장	매출처별 외상매출금의 증감을 기록하는 외상매출금계정의 보조장부
매입처원장	매입처별 외상매입금의 증감을 기록하는 외상매입금계정의 보조장부
물류원가 및 관리비대장	물류원가와 관리비를 기록하는 물류원가와 관리비계정의 보조장부
주주원장	출자재(주주)별 출자금의 현황을 기록하는 보조장부
유형자산대장	유형자산의 종류별 내용을 기록하는 보조장부

(4) 회계기간(회계연도, 보고기간)

기업은 경영을 보다 더 효율적으로 수행하기 위하여 기업의 경영성과를 6개월 또는 12개월 단위로 구분하여 보고하는데, 이러한 기간을 회계기간(Accounting Period) 또는 회계연도(Fiscal Year)라 하고, 기업에서 인위적으로 결정한다. 회계기간은 정기적인 보고와 성과계산을 하도록 하고 있기 때문에 계속기업이 전제되어야 한다.

① 우리나라 기업은 연 1회 이상 결산하여야 한다.

② 「상법」에서는 회계연도가 1년을 넘지 못하도록 규정하고 있다.

　예 회계기간을 1년으로 정한 경우: 1월 1일~12월 31일

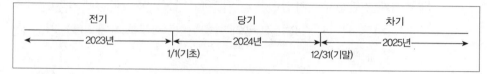

2 정보이용자(이해관계자)

1. 정보이용자의 분류

회계정보이용자	외부정보이용자	주주·대여자·그 밖의 채권자·종업원·정부 등 ⇨ 재무회계
(이해관계자)	내부정보이용자	경영자·중간관리자 ⇨ 관리회계

재무제표의 광범위한 이용자는 주요이용자인 현재 및 잠재적 투자자, 대여자와 그 밖의 채권자, 그 밖의 부수적 이용자인 경영자, 일반고객, 정부와 유관기관, 일반대중 등이다. 이들은 다양한 정보수요를 충족하기 위하여 재무제표를 이용한다. 그러나 일반목적재무보고서에 의존하는 자는 주요이용자이며, 경영진·감독당국은 주요이용자가 될 수 없다.

참고 정보이용자

- 투자자(소유주 및 채권자)
- 종업원
- 대여자
- 공급자와 그 밖의 거래 채권자
- 고객
- 정부와 유관기관
- 일반대중
- 경영자(경영진)

참고 경영진

- 경영진은 재무제표의 작성과 표시에 대한 1차적 책임을 진다.
- 경영진도 경영활동의 수행에 있어 재무정보가 필요하다. 그러나 경영진은 내부적으로 정보를 구할 수 있기 때문에 일반목적재무보고서에 의존하지 않는다.
- 경영진은 한국채택국제회계기준이 없는 경우 회계정책을 개발하여 적용할 수 있다.
---

2. 정보이용자에 따른 회계의 분류

(1) 재무회계와 관리회계

① **재무회계**(일반회계): 기업실체의 외부정보이용자에게 경제적 의사결정에 유용한 정보를 제공하는 외부보고 목적의 회계이다. 재무회계에 의해 작성되는 재무제표는 모든 회계의 기본이 된다.

② **관리회계**: 기업실체의 내부정보이용자인 경영자가 경영의사결정을 하는 데 필요한 회계정보를 제공하는 내부보고 목적의 회계이다.

▶ 재무회계와 관리회계의 비교

구분	재무회계	관리회계
목적	외부정보이용자에게 유용한 정보 제공	내부정보이용자에게 유용한 정보 제공
보고수단	재무보고서(재무제표 + 그 밖의 보고서)	특수목적의 보고서
원칙의 유무	일반적으로 인정된 회계원칙의 지배를 받음	일반적인 기준이 없음
시간적 관점	과거지향적 정보	미래지향적 정보
보고단위	화폐적 정보	화폐적 정보 및 비화폐적 정보
보고주기	정기(1년, 반기, 분기, 52주)	수시(월별, 분기별 등)

용어 보충	재무제표

결산이 끝난 후 기업이 정보이용자에게 제공하는 재무보고서를 말한다. 정보이용자에게 유용한 정보를 제공하기 위한 일반목적재무보고서이다.

(2) 기타

이외에도 미시회계와 거시회계, 기업회계와 세무회계로 분류할 수 있다.

3 회계와 부기

'부기'는 기업실체의 경제적 사건을 일정한 원칙에 따라 기록·계산·정리하는 기술적인 절차이고, '회계'는 그러한 과정을 통해 생산된 정보를 정보이용자에게 보고·전달하여 정보이용자의 의사결정에 유용한 정보가 되도록 이용하는 과정으로, 회계는 정보의 생산과정과 이용과정을 포함한 광범위한 개념이다.

1. 회계

'회계'란 부기에 의하여 생산된 재무정보에 대해 기업의 내부 및 외부의 이해관계자들이 합리적인 의사결정을 할 수 있도록 유용한 정보를 제공하는 것이다.

2. 부기

'부기'란 회계의 일부분으로서 장부기입의 약칭이며, 자산·부채·자본의 증감변화를 일정한 원리원칙에 따라 기록·계산·정리하여 보고서를 작성하는 절차를 말한다.

3. 회계의 목적

한국채택국제회계기준(K-IFRS)에서는 회계의 목적과 관련하여 일반목적재무보고의 목적은 현재 및 잠재적 투자자, 대여자와 그 밖의 채권자가 기업에 자원을 제공하는 것과 관련된 의사결정을 할 때 보고기업의 유용한 재무정보를 제공하는 것으로 규정하고 다음의 정보를 필요로 한다.

(1) 보고기업의 경제적 자원과 청구권

일반목적재무보고서는 보고기업의 재무상태에 관한 정보, 즉 기업의 경제적 자원 및 보고기업에 대한 청구권에 관한 정보를 제공한다.

(2) 경제적 자원 및 청구권의 변동에 관한 정보 제공

보고기업의 경제적 자원 및 청구권의 변동은 그 기업의 재무성과 그리고 채무상품이나 지분상품의 발행과 같은 그 밖의 사건이나 거래에서 발생한다.
① 발생기준회계가 반영된 재무성과
② 과거 현금흐름이 반영된 재무성과
③ 재무성과에 기인하지 않은 경제적 자원 및 청구권의 변동(채무상품, 지분상품)

4. 부기의 목적

부기의 목적은 기업의 재무보고서(재무제표)를 작성하는 데 있다.

(1) 재무상태표

일정 시점에 기업의 재무상태를 파악하는 재무제표

(2) 포괄손익계산서

일정 기간에 걸쳐 기업의 경영성과를 파악하는 재무제표

이렇게 출제!

01 재무회계와 관리회계에 관한 설명으로 옳지 않은 것은?

① 재무회계는 재무제표 정보이용자에게 유용한 정보를 제공한다.
② 관리회계는 미래지향적 정보를 제공하며 정기적으로 보고한다.
③ 재무회계는 과거지향적 정보를 제공하며 예측가치가 있어야 한다.
④ 관리회계는 경영자의 의사결정에 유용한 정보를 제공한다.
⑤ 재무회계는 화폐적 정보를 정기적으로 보고한다.

해설 관리회계는 미래지향적 정보를 제공하며 경영자에게 수시로 보고한다.

정답 ②

---

02 회계단위 또는 장부조직은 주요장부와 보조장부로 나뉜다. 다음 중 주요장부에 속하는 것은?

① 상품재고장
② 매입처원장
③ 소모품대장
④ 총계정원장
⑤ 현금출납장

해설 총계정원장과 분개장이 주요장부이다. ①, ②, ③은 보조원장이고, ⑤는 보조기입장에 속한다.

정답 ④

03 일반목적재무보고의 목적과 가장 거리가 먼 것은?

① 경제적 자원 및 청구권에 관한 정보를 제공한다.
② 경제적 자원 및 청구권의 변동에 관한 정보를 제공한다.
③ 재무성과에 기인하지 않은 경제적 자원 및 청구권의 변동은 제공하지 않는다.
④ 발생기준회계가 반영된 재무성과와 과거 현금흐름이 반영된 재무성과를 제공한다.
⑤ 현재 및 잠재적 투자자, 대여자 및 그 밖의 채권자에게 기업의 재무정보를 제공한다.

해설 재무성과에 기인하지 않은 경제적 자원 및 청구권의 변동을 제공한다.

정답 ③

04 회계단위와 회계기간에 관한 설명으로 타당하지 않은 것은?

① 회계단위란 기업의 장부를 독립적으로 기록·계산하는 장소(범위)를 말한다.
② 회계기간은 12개월을 초과할 수 없다.
③ 회계기간이란 경영성과와 재무상태를 파악하기 위하여 기업이 인위적으로 구분한 기간을 말한다.
④ 회계기간은 회계연도라고도 하며, 항상 1월 1일부터 12월 31일까지이다.
⑤ 본점과 지점, 본사와 공장도 하나의 회계단위가 될 수 있다.

해설 회계기간(회계연도)은 특별한 조건이 없는 한 1년이지만, 반드시 1월 1일부터 12월 31일까지로 제한되는 것은 아니다.

정답 ④

05 재무회계에 관한 설명으로 옳지 않은 것은?

① 재무제표의 작성과 표시에 대한 1차적 책임자는 회계 담당 부서장이다.

② 현재 및 잠재적 투자자, 대여자와 그 밖의 채권자가 주요이용자이다.

③ 경영진도 경영활동의 수행에 있어 재무정보가 필요하다. 그러나 경영진은 내부적으로 구할 수 있기 때문에 일반목적재무보고서에 의존하지 않는다.

④ 재무회계는 외부정보이용자에게 경제적 의사결정에 유용한 정보를 제공한다.

⑤ 복식부기의 장점에는 대차평균의 원리로서 자기검증기능이 있다.

해설 재무제표의 작성과 표시에 대한 1차적 책임자는 경영자이다.

정답 ①

중요 개념 확인하기!

❶ 일반목적재무보고의 목적은 주요이용자인 현재 및 잠재적 투자자, 대여자 및 그 밖의 채권자가 기업에 자원을 제공하는 것에 대한 의사결정을 할 때 유용한 보고기업 재무정보를 제공하는 것이다.　　○　｜　×

❷ 일반목적재무보고서는 재무성과에 기인하지 않은 경제적 자원 및 청구권의 변동(채무상품, 지분상품)은 제공하지 않는다.　　○　｜　×

❸ 기업은 경영성과를 6개월 또는 12개월 단위로 구분하여 보고하게 되는데, 이러한 기간을 회계기간(회계연도)이라 한다. 회계의 보고기간종료일은 변경할 수 있다.　　○　｜　×

❹ (　　　　)(이)란 결산이 끝난 후 기업이 정보이용자에게 제공하는 재무보고서로서, 정보이용자에게 유용한 정보를 제공하기 위한 일반목적재무보고서이다.

① ○　② X 일반목적재무보고서는 재무성과에 기인하지 않은 경제적 자원 및 청구권의 변동(채무상품, 지분상품)에 관한 정보를 제공한다.　③ ○　④ 재무제표

02 재무상태와 경영성과

☑ 이 단원은 기업의 재무상태 및 경영성과를 기초로 하여 가장 기본적 재무제표인 재무상태표와 포괄손익계산서를 작성하는 단원입니다. 자산·부채·자본의 구분, 수익과 비용의 구분, 당기순손익의 계산을 꼭 숙지하시기 바랍니다.

CHAPTER 한눈에 보기

1 재무상태와 재무상태표

· 자산 · 부채 · 자본 구분하기

Q 용어 CHECK
· 자산
· 경제적 효익
· 부채
· 자본
· 재무상태표
· 차변
· 대변

2 경영성과와 포괄손익계산서

· 수익과 비용 구분하기
· 당기순손익 계산방법 이해하기

Q 용어 CHECK
· 수익
· 비용
· 포괄손익계산서
· 재산법
· 손익법

발문 미리보기

• 다음 중 자산의 측정 및 인식에 관한 설명으로 옳지 않은 것은?

• 다음 중 실재(영구)계정으로 옳은 것은?

• 기업의 재무상태와 경영성과를 자료로 계산한 당기순이익은 얼마인가?

|POINT| 기업의 자산측정 및 인식 그리고 특징은 자주 출제되는 대표 발문이므로 꼭 암기해야 하고, 기업의 재무상태와 경영성과를 자료로 계산한 당기순이익을 묻는 문제는 매회 출제되는 중요한 발문입니다. 본인 스스로 계산하는 과정이 중요합니다.

1 재무상태와 재무상태표

'재무상태'란 일정 시점에 있어서 기업의 자산·부채·자본을 말한다. 회계에서 기업의 재무상태는 자산·부채·자본으로 구성되어 있는 재무상태표로 파악할 수 있다.

1. 재무상태(자산·부채·자본)

(1) 자산

① **의의**: '자산(Assets)'은 기업이 소유하고 있는 재화와 채권을 총칭하는 것으로서 이는 기업의 경제적 효익을 창출할 능력(잠재력)이 있어야 하고, 다음을 모두 충족했을 때 자산으로 인식한다.

㉠ 과거의 거래 결과로 취득한 것이어야 한다.

㉡ 현재 특정실체가 그 지배하에 두고 배타적으로 사용할 수 있어야 한다.

㉢ 미래의 경제적 효익을 기대할 수 있어야 한다.

㉣ 자산의 금액을 신뢰성 있게 측정할 수 있어야 한다.

용어 보충	경제적 효익
수익을 창출할 수 있는 능력을 말하며, 용역 잠재력이라고 한다.	

② **자산의 분류**

유동자산	당좌자산	현금및현금성자산, 당기손익–공정가치 측정 금융자산(FVPL), 매출채권, 단기대여금, 미수금 등
	재고자산	상품, 제품, 재공품, 저장품, 원재료 등
비유동자산	투자자산	기타포괄손익–공정가치 측정 금융자산(FVOCI), 상각 후 원가 측정 금융자산(AC), 장기대여금, 관계기업투자주식, 투자부동산, 기타의 투자자산 등
	유형자산	건물, 토지, 구축물, 기계장치, 선박, 건설중인자산 등
	무형자산	영업권, 산업재산권(특허권 등), 광업권, 어업권, 저작권, 개발비 등
	기타	보증금, 이연법인세자산 등

③ **자산의 항목**

계정과목	내용
현금	통화(한국은행권) 및 통화대용증권(수표, 우편환 등)
당좌예금	당좌수표를 발행할 목적으로 은행에 당좌예금을 했을 때
현금및현금성자산	현금, 소액현금, 보통예금, 당좌예금, 현금성자산 등
당기손익–공정가치 측정 금융자산	단기시세차익(단기매매 목적)을 얻기 위해 보유하는 주식, 사채 등
상각 후 원가 측정 금융자산	만기 또는 특정일까지 현금흐름(원리금)을 수취할 목적의 사채

기타포괄손익−공정가치 측정 금융자산	중장기적으로 현금흐름(원리금)과 매도 목적의 주식, 사채 등
외상매출금	상품이나 제품을 외상으로 매출했을 때
받을어음	상품이나 제품을 매출하고 약속어음을 받았을 때
매출채권	외상매출금 + 받을어음
단기대여금	현금을 빌려주고 차용증서(또는 어음)를 받았을 때
미수금	상품이나 제품이 아닌 재화를 처분하고 대금을 외상(또는 어음)으로 했을 때
미수수익	당기에 속하는 수익을 아직 받지 못했을 때
선급비용	차기의 비용을 당기에 미리 지급했을 때
소모품	사무용품을 구입했을 때
비품	영업활동에 사용할 목적으로 보유하고 있는 사무용 책상, 의자 등
건물	영업활동에 사용할 목적으로 보유하고 있는 건물
토지	영업활동에 사용할 목적으로 보유하고 있는 토지
차량운반구	영업활동에 사용할 목적으로 보유하고 있는 차량 등
기계장치	영업활동에 사용할 목적으로 보유하고 있는 기계설비 등
투자부동산	임대수익이나 시세차익을 얻기 위해 보유하고 있는 부동산
영업권	회사 인수 시 합병(인수)대가가 순자산(자본)을 초과하여 지급한 금액
개발비	개발단계에서 지출한 비용
특허권 등	무형의 권리가 있는 산업재산권 등

(2) 부채

① 의의: '부채(Liabilities)'는 기업이 다른 기업 등에 현금 또는 경제적 자원으로 미래에 갚아야 할 채무(의무)이며, 경제적 효익의 미래 희생을 말한다. 다음을 모두 충족했을 때 부채로 인식한다.

㉠ 과거사건의 결과로 발생한 관련 의무가 현재의무이어야 한다.

㉡ 그 의무를 이행하기 위해 경제적 자원의 유출가능성이 높아야 한다.

㉢ 금액을 신뢰성 있게 측정할 수 있어야 한다.

② 부채의 분류

유동부채	매입채무, 단기차입금, 미지급금, 선수금, 예수금 등
비유동부채	사채, 장기차입금, 충당부채, 이연법인세부채 등

③ 부채의 항목

계정과목	내용
외상매입금	상품을 외상으로 매입했을 때
지급어음	상품을 매입하고 약속어음을 발행했을 때
매입채무	외상매입금 + 지급어음

미지급금	상품이 아닌 재화를 구입하고 대금을 외상(또는 어음)으로 했을 때
단기차입금	현금을 빌려오고 차용증서(또는 어음)를 지급했을 때
선수금(계약부채)	상품을 매출하기로 주문 받고 계약금(착수금)을 받았을 때
선수수익	차기에 속하는 수익을 당기에 미리 받았을 때
미지급비용	당기에 속하는 비용을 아직 지급하지 못했을 때
상품권선수금	기업이 상품권을 발행했을 때
소득세예수금	종업원의 급여 등에서 차감하여 보유한 소득세 등
사채	기업이 자금을 빌리기 위해서 발행한 채무상품(사채)
충당부채	기업이 미래에 지출할 것이 확실한 현재의무(확신유형의 보증)
이연법인세부채	기업이 미래에 납부할 법인세

(3) 자본

① **의의**: '자본(Capital)'은 소유주지분 또는 주주지분이라고도 한다. 자본은 기업의 잔여지분으로서 자산에서 부채를 차감한 잔액이다.

▶▶ **자본 등식**

$$자본 = 자산 - 부채$$

② **자본의 분류**

납입자본	자본금	보통주자본금, 우선주자본금
	자본잉여금	주식발행초과금, 감자차익, 자기주식처분이익 등
기타자본 구성요소	자본유지조정	자기주식, 주식할인발행차금, 감자차손, 자기주식처분손실 등
	기타포괄 손익누계액	재평가잉여금, 순확정급여부채의 재측정요소, 기타포괄손익-공정가치 측정 금융자산평가손익, 해외사업환산손익, 현금흐름위험회피 파생상품 평가손익(위험회피수단)
이익잉여금	법정적립금	이익준비금, 기타 법정적립금 등
	임의적립금	사업확장적립금, 신축적립금, 결손보전적립금, 배당평균적립금 등
	미처분 이익잉여금	전기이월이익잉여금 + 당기순이익

2. 재무상태표

(1) 의의

'재무상태표'는 일정 시점에 있어서 기업의 재무상태를 나타내며, 기업이 보유하고 있는 경제적 자원인 자산과 그 자산의 조달원천인 부채와 자본의 현황을 보고한다. 이와 같이 재무상태표는 기업의 미래현금흐름과 재무적 안전성 및 위험에 관한 정보를 제공한다.

▶▶ 재무상태표 등식

자산 = 부채 + 자본

(2) 형식

재무상태표는 왼쪽(차변)과 오른쪽(대변)으로 구분하여 차변에는 자산을, 대변에는 부채와 자본을 기입하는 형식이다.

재무상태표(계정식)

(주)한국   20×1. 12. 31.   단위: 원

| 자   산 | 부   채 |
| | 자   본 |

▶ 재무상태표 작성 시 필수 기재사항: 명칭, 회사명, 보고기간종료일, 보고통화 및 금액단위 등

용어 보충   **차변과 대변**

재무상태표 등에서 차변은 왼쪽 변, 대변은 오른쪽 변을 말한다. 차변에는 자산의 증가 또는 부채의 감소를 나타내며, 대변에는 자산의 감소 또는 부채의 증가를 나타낸다.

이렇게 출제!

01 다음 계정과목 중 자산은 A, 부채는 P, 자본은 K로 표시하시오.

(1) 현 금 ( )	(11) 자 본 금 ( )	
(2) 건 물 ( )	(12) 비 품 ( )	
(3) 단 기 차 입 금 ( )	(13) 기 계 장 치 ( )	
(4) 매 출 채 권 ( )	(14) 선 급 금 ( )	
(5) 매 입 채 무 ( )	(15) 미 수 수 익 ( )	
(6) 당 좌 예 금 ( )	(16) 선 수 수 익 ( )	
(7) 미 수 금 ( )	(17) 예 수 금 ( )	
(8) 미 지 급 금 ( )	(18) 소 모 품 ( )	
(9) 상 품 ( )	(19) 선 급 비 용 ( )	
(10) 단 기 대 여 금 ( )	(20) 당기손익-공정가치 측정 금융자산 ( )	

[정답] • 자산(A): (1), (2), (4), (6), (7), (9), (10), (12), (13), (14), (15), (18), (19), (20)
        • 부채(P): (3), (5), (8), (16), (17)
        • 자본(K): (11)

02 부채에 해당하는 것은?

제26회 기출

① 소득세예수금   ② 미수금

③ 감자차손   ④ 받을어음

⑤ 대여금

> **해설** • 소득세예수금은 금융부채에 해당한다.
> • ②, ④, ⑤는 자산계정이고, ③은 자본의 차감계정이다.

정답 ①

03 기업이 종업원에게 급여를 지급하면서 소득세 등을 원천징수하여 일시적으로 보관하기 위한 계정과목은?

제27회 기출

① 예수금   ② 선수금

③ 선급금   ④ 미수금

⑤ 미지급금

> **해설** 기업이 종업원에게 급여를 지급하면서 소득세 등을 원천징수하여 일시적으로 보관하기 위한 계정과목은 예수금이라고 한다.

정답 ①

04 (주)한국이 20×1년 초에 현금 ₩500,000을 출자하여 영업을 시작한 결과 20×1년 말의 재무상태는 다음과 같다. 20×1년 12월 31일의 재무상태표를 작성하시오.

현 금	₩300,000	당 좌 예 금	₩200,000
당기손익-공정가치 측정 금융자산	400,000	매 출 채 권	350,000
상 품	450,000	건 물	500,000
외 상 매 입 금	650,000	지 급 어 음	400,000
단 기 차 입 금	600,000		

재무상태표

(주)한국		20×1. 12. 31.		단위: 원
자산	금액	부채 및 자본		금액

[해설]
- 기초자본금: ₩500,000(현금)
- 기말 재무상태표 등식: 기말자산 = 기말부채 + 당기순이익 + 기초자본

$$\therefore ₩2,200,000 = 1,650,000 + 50,000 + 500,000$$

[정답]

재무상태표

(주)한국   20×1. 12. 31.   단위: 원

자산	금액	부채 및 자본	금액
현금및현금성자산	₩500,000	매 입 채 무	₩1,050,000
당기손익-공정가치 측정 금융자산	400,000	단 기 차 입 금	600,000
매 출 채 권	350,000	자 본 금	500,000
상 품	450,000	당 기 순 이 익	50,000
건 물	500,000		
	₩2,200,000		₩2,200,000

- 재무상태표에는 현금및현금성자산으로 통합하여 표시
- 재무상태표에는 유가증권을 보유 시 보유목적에 따라 당기손익-공정가치 측정 금융자산, 기타포괄손익-공정가치 측정 금융자산, 상각 후 원가 측정 금융자산 등으로 분류하여 표시
- 재무상태표에는 (외상매출금 + 받을어음)매출채권으로 표시
- 재무상태표에는 (외상매입금 + 지급어음)매입채무로 표시

05 다음은 (주)한국의 20×1년 말 재무상태표 자료이다. (주)한국의 20×1년 말 이익잉여금은?

제21회 기출

현 금	₩70,000	자 본 금	₩50,000
매 출 채 권	15,000	이 익 잉 여 금	?
매 입 채 무	10,000	장 기 차 입 금	20,000
상 품	30,000	주 식 발 행 초 과 금	5,000

① ₩20,000   ② ₩25,000   ③ ₩30,000
④ ₩35,000   ⑤ ₩40,000

[해설]

재무상태표

(주)한국   20×1. 12. 31.   단위: 원

자산	금액	부채 및 자본	금액
현 금	₩70,000	매 입 채 무	₩10,000
매 출 채 권	15,000	장 기 차 입 금	20,000
상 품	30,000	자 본 금	50,000
		주 식 발 행 초 과 금	5,000
		이 익 잉 여 금	(30,000)
	₩115,000		₩115,000

[정답] ③

2 경영성과와 포괄손익계산서

1. 경영성과(經營成果, Results of Operations)

(1) 의의

경영(재무)성과는 일정 기간 동안 기업의 경영활동의 결과로 나타난 경제적 성과를 의미하는데, 이는 포괄손익계산서에서 파악할 수 있다.

(2) 수익(收益, Revenues)

① **의의**: 고객과의 계약에서 생기는 수익은 일정 기간 동안 기업의 경영활동을 통한 자본의 증가원인으로서, 고객에게 재화나 용역을 제공한 대가로 받은 자산의 증가 또는 부채의 감소액이다.

② **수익의 분류**

㉠ 매출액: 상품 또는 제품매출액

㉡ 기타 수익: 이자수익, 배당금수익(주식배당액은 제외), 임대료, 당기손익−공정가치 측정 금융자산처분이익, 당기손익−공정가치 측정 금융자산평가이익, 외화환산이익, 투자자산처분이익, 유형자산처분이익, 사채상환이익, 지분법이익, 손상차손환입, 자산수증이익, 채무면제이익, 보험차익 등

▶ 특별손익은 어떠한 경우라도 포괄손익계산서와 주석에 표시할 수 없다.

③ **수익의 항목**

계정과목	내용
매출수익(매출액)	상품 또는 제품의 판매금액
매출총이익	상품을 원가 이상으로 매출했을 때
유형자산처분이익	유형자산의 처분으로 발생한 이익
당기손익−공정가치 측정 금융자산처분이익	당기손익−공정가치 측정 금융자산을 원가 이상으로 처분했을 때
당기손익−공정가치 측정 금융자산평가이익	당기손익−공정가치 측정 금융자산의 공정가치가 증가(상승)했을 때
잡이익	영업활동 이외의 중요하지 않은 이익
배당금수익	현금배당을 받았을 때
이자수익	이자를 받았을 때
수수료수익	수수료를 받았을 때
임대료	집세를 받았을 때

(3) 비용(費用, Expenses)

① **의의**: 일정 기간 동안 기업의 경영활동을 통한 자본의 감소원인으로서, 수익을 획득하기 위하여 소비한 자산의 감소 또는 부채의 증가액이다. 비용은 성격별 또는 기능별 분류방법으로 구분할 수 있으며, 이에 따라 손익계산서도 성격별 분류방법에 의한 포괄손익계산서와 기능별 분류방법에 의한 포괄손익계산서로 구분된다.

② **비용의 분류**

성격별 분류	매입액, 상품의 변동, 급여, 임차료, 광고선전비, 감가상각비, 수선비, 접대비, 보험료, 당기손익-공정가치 측정 금융자산평가손실, 유형자산처분손실 등
기능별 분류	매출원가, 물류비용(물류원가), 관리비용(일반관리비), 마케팅비용(판매비), 홍보비(광고비), 기타 비용, 법인세비용 등

　㉠ **매출원가**

　　ⓐ 판매업

> 기초상품재고액 + 당기상품매입액 - 기말상품재고액

　　ⓑ 제조업

> 기초제품재고액 + 당기제품제조원가 - 기말제품재고액

　㉡ **물류원가와 관리원가**: 급여(임원급여, 급료, 임금 및 제수당 포함), 퇴직급여, 복리후생비, 임차료, 접대비, 감가상각비, 세금과공과, 광고선전비, 연구비, 경상개발비, 대손상각비(손상차손) 등

　㉢ **기타 비용**: 이자비용, 당기손익-공정가치 측정 금융자산처분손실, 당기손익-공정가치 측정 금융자산평가손실, 재고자산감모손실, 기부금, 유형자산처분손실, 사채상환손실, 기타포괄손익-공정가치 측정 금융자산처분손실, 재해손실 등

　㉣ **법인세비용 등**

③ **비용의 항목**

계정과목	내용
매출원가	상품 또는 제품의 판매금액에 대한 원가
매출총손실	상품을 원가 이하로 매출했을 때
당기손익-공정가치 측정 금융자산처분손실	당기손익-공정가치 측정 금융자산을 원가 이하로 처분했을 때

당기손익-공정가치 측정 금융자산평가손실	당기손익-공정가치 측정 금융자산의 공정가치가 감소(하락)했을 때
잡손실	금액이 적고 중요하지 않은 손실
이자비용	이자를 지급했을 때
수수료비용	수수료를 지급했을 때
임차료	집세를 지급했을 때
급여	임원, 종업원의 급료(월급)를 지급했을 때
복리후생비	종업원의 복리후생비용을 지급했을 때
수선비	수리비를 지급했을 때
소모품비	사무용품(문구) 등을 구입하여 사용했을 때
잡비	신문구독료, 도서인쇄비 등을 지급했을 때
여비교통비	교통비, 출장비 등을 지급했을 때
운반비	상품 판매 시의 운임(판매운임)을 지급했을 때
통신비	전신, 전화, 우편요금, 인터넷 사용요금 등을 지급했을 때
수도광열비	수도요금, 전기요금, 가스요금 등을 지급했을 때
세금과공과	재산세, 자동차세, 상공회의소 회비, 적십자 회비 등을 지급했을 때
보험료	자동차, 화재보험 등의 보험료를 지급했을 때
광고선전비	광고, 홍보, 마케팅 비용을 지급했을 때
감가상각비	유형자산을 사용함으로써 가치가 감소되었을 때
손상차손(대손상각비)	매출채권이 회수불능(손상)이 되었을 때
포장비	상품 판매 시의 포장비
자산의 평가손실	자산의 공정가치가 장부금액보다 하락한 손실
유형자산처분손실	유형자산을 원가 이하로 처분 시 손실

2. 포괄손익계산서

(1) 의의

일정 기간 동안의 경영성과를 파악하기 위하여 작성하는 재무보고서로, K-IFRS (한국채택국제회계기준)에서는 포괄손익계산서의 작성을 의무화하고 있다. '포괄손익계산서'는 수익총액에서 비용총액을 차감하여 당기순손익을 계산하고, 여기에 기타포괄손익을 가감하여 총포괄손익을 표시하는 손익계산서를 말한다.

▶ 포괄손익계산서 등식

- 당기순이익 = 총수익 - 총비용
- 당기순손실 = 총비용 - 총수익
- 총포괄이익 = 당기순이익 + 기타포괄이익
- 총포괄손실 = 당기순손실 + 기타포괄손실

(2) 형식

포괄손익계산서에는 수익과 비용 그리고 기타포괄손익항목이 모두 표시된다. K-IFRS(한국채택국제회계기준)에서는 단일포괄손익계산서로 작성하거나 두 개의 보고서(별개의 손익계산서와 포괄손익계산서로 분리하여 표시)로 작성하는 방법 중 한 가지를 선택하도록 하고 있다. 또한 비용의 분류방법을 성격별 또는 기능별로 구분하여 작성할 수도 있다.

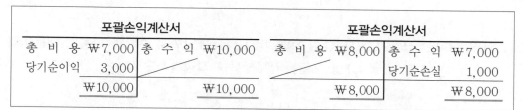

포괄손익계산서				포괄손익계산서			
총 비 용	₩7,000	총 수 익	₩10,000	총 비 용	₩8,000	총 수 익	₩7,000
당기순이익	3,000					당기순손실	1,000
	₩10,000		₩10,000		₩8,000		₩8,000

이렇게 출제!

06 다음 계정과목을 수익과 비용으로 구분하여 (   ) 안에 기입하시오.

(1) 매 출	( )	⑾ 급 여	( )
(2) 이 자 비 용	( )	⑿ 잡 비	( )
(3) 이 자 수 익	( )	⒀ 잡 손 실	( )
(4) 자 산 처 분 손 실	( )	⒁ 세 금 과 공 과	( )
(5) 임 대 료	( )	⒂ 소 모 품 비	( )
(6) 임 차 료	( )	⒃ 수 도 광 열 비	( )
(7) 잡 이 익	( )	⒄ 배 당 금 수 익	( )
(8) 매 출 원 가	( )	⒅ 광 고 선 전 비	( )
(9) 보 험 료	( )	⒆ 당기손익-공정가치 측정 금융자산평가이익	( )
⑽ 운 반 비	( )		

정답 • 수익: (1), (3), (5), (7), ⒄, ⒆
　　　 • 비용: (2), (4), (6), (8), (9), ⑽, ⑾, ⑿, ⒀, ⒁, ⒂, ⒃, ⒅

07 포괄손익계산서에 나타나는 항목이 아닌 것은?　　　　　　제24회 기출

① 미수수익
② 매출액
③ 유형자산처분이익
④ 이자비용
⑤ 법인세비용

해설 포괄손익계산서에 나타나는 항목이 아닌 것은 자산, 부채, 자본이다. 미수수익은 자산이다.

정답 ①

08 포괄손익계산서 회계요소에 해당하는 것은? 제27회 기출

① 자산   ② 부채

③ 자본   ④ 자본잉여금

⑤ 수익

해설 포괄손익계산서 회계요소에 해당하는 것은 수익과 비용이고 재무상태표 요소에 해당하는 것은 자산, 부채, 자본이다.

정답 ⑤

09 (주)한국의 20×1년 1월 1일부터 12월 31일까지 수익과 비용의 내용이다. 20×1년 12월 31일 포괄손익계산서를 작성하시오.

기간 중의 수익과 비용			
매 출 액	₩150,000	임 대 료 수 익	₩30,000
이 자 수 익	20,000	매 출 원 가	80,000
잡 비	30,000	여 비 교 통 비	15,000
수 도 광 열 비	25,000	소 모 품 비	20,000

손익계산서

(주)한국   20×1. 1. 1.~20×1. 12. 31.   단위: 원

비용	금액	수익	금액

정답

손익계산서

(주)한국   20×1. 1. 1.~20×1. 12. 31.   단위: 원

비용	금액	수익	금액
매 출 원 가	₩80,000	매 출 액	₩150,000
잡 비	30,000	임 대 료 수 익	30,000
여 비 교 통 비	15,000	이 자 수 익	20,000
수 도 광 열 비	25,000		
소 모 품 비	20,000		
당 기 순 이 익	30,000		
	₩200,000		₩200,000

3. 순손익의 측정방법

(1) 재산법

기초자본에 추가 출자액(유상증자)과 인출액(유상감자, 현금배당)을 가감한 후, 이를 기말자본과 비교하여 기말자본이 많으면 순이익, 기말자본이 적으면 순손실이 발생한다. 이 방법을 '재무상태표 접근법'이라 한다.

- 기말자본 − 기초자본 = 순이익(또는 순손실)
- 기말자본 − [기초자본 + (유상증자) − (현금배당, 유상감자)] = 순이익(또는 순손실)

(2) 손익법

일정 기간 동안의 수익총액과 비용총액을 비교하여 수익총액이 비용총액보다 많으면 순이익, 비용총액이 수익총액보다 많으면 순손실이 발생한다. 이 방법을 '손익계산서 접근법'이라 한다.

- 총수익 − 총비용 = 순이익
- 총비용 − 총수익 = 순손실

(3) 재산법과 손익법의 관계

재산법으로 계산한 순손익과 손익법으로 계산한 순손익은 반드시 일치한다.

- 기말자본 > 기초자본 = 순이익 = 총수익 > 총비용
- 기말자본 < 기초자본 = 순손실 = 총수익 < 총비용

▶▶ 회계 등식

- 자본 등식 ⇨ 자본 = 자산 − 부채
- 재무상태표 등식 ⇨ 자산 = 부채 + 자본
- 포괄손익계산서 등식 ⇨ ┌ 총비용 + 당기순이익 = 총수익
                        └ 총수익 + 당기순손실 = 총비용
- 재산법 ⇨ ┌ 기말자본 − 기초자본 = 순이익
           └ 기초자본 − 기말자본 = 순손실
- 손익법 ⇨ ┌ 총수익 − 총비용 = 순이익
           └ 총비용 − 총수익 = 순손실

10 (주)한국의 재무제표 자료가 다음과 같을 때, 기말부채는?   제26회 기출

기 초 자 산	₩12,000	총 수 익	₩30,000
기 초 부 채	7,000	총 비 용	26,500
기 말 자 산	22,000	유 상 증 자	1,000
기 말 부 채	?	현 금 배 당	500

① ₩12,500

② ₩13,000

③ ₩13,500

④ ₩14,500

⑤ ₩15,000

해설 • 기초자본: 기초자산(12,000) − 기초부채(7,000) = ₩5,000
　　　　• 당기순이익: 총수익(30,000) − 총비용(26,500) = ₩3,500
　　　　• 기말자본: 기초자본(5,000) + 당기순이익(3,500) + 유상증자(1,000) − 현금배당(500)
　　　　　　　= ₩9,000
　　　　• 기말부채: 기말자산(22,000) − 기말자본(9,000) = ₩13,000

정답 ②

11 다음 자료를 이용하여 계산한 기초자산은?   제24회 기출

기 초 부 채	₩50,000	기 말 자 산	₩100,000
기 말 부 채	60,000	유 상 증 자	10,000
현 금 배 당	5,000	총 포 괄 이 익	20,000

① ₩55,000

② ₩65,000

③ ₩70,000

④ ₩75,000

⑤ ₩85,000

해설 • 기말자본: 기말자산(100,000) − 기말부채(60,000) = ₩40,000
　　　　• 기초자본: 기말자본(40,000) + 현금배당(5,000) − [유상증자(10,000) + 총포괄이익(20,000)]
　　　　　　　= ₩15,000
　　　　• 기초자산: 기초부채(50,000) + 기초자본(15,000) = ₩65,000

정답 ②

12 (주)한국의 20×1년 자료가 다음과 같을 때, 기말자본은? 제22회 기출

기 초 자 산	₩1,000,000	기 초 부 채	₩700,000
현 금 배 당	100,000	유 상 증 자	500,000
총 비 용	1,000,000	총 수 익	900,000

① ₩800,000

② ₩600,000

③ ₩500,000

④ ₩300,000

⑤ ₩200,000

해설 • 기초자본: 기초자산(1,000,000) − 기초부채(700,000) = ₩300,000
     • 당기순손실: 총비용(1,000,000) − 총수익(900,000) = ₩100,000
     • 기말자본: 기초자본(300,000) + 유상증자(500,000) − 현금배당(100,000)
         − 당기순손실(100,000) = ₩600,000

정답 ②

13 다음 자료로 계산한 당기총포괄이익은? 제18회 기출

기 초 자 산	₩5,500,000	기 말 자 산	₩7,500,000
기 초 부 채	3,000,000	기 말 부 채	3,000,000
유 상 증 자	500,000		

① ₩500,000

② ₩1,000,000

③ ₩1,500,000

④ ₩2,000,000

⑤ ₩2,500,000

해설 • 기초자본: 기초자산(5,500,000) − 기초부채(3,000,000) = ₩2,500,000
     • 기말자본: 기말자산(7,500,000) − 기말부채(3,000,000) = ₩4,500,000
     • 총포괄이익: 기말자본(4,500,000) − [기초자본(2,500,000) + 유상증자(500,000)]
         = ₩1,500,000

정답 ③

14 다음 자료를 이용하여 계산한 당기의 비용총액은? 제16회 기출

기 초 자 산	₩22,000	기 말 자 산	₩80,000
기 초 부 채	3,000	기 말 부 채	50,000
현 금 배 당	1,000	유 상 증 자	7,000
수 익 총 액	35,000		

① ₩10,000
② ₩20,000
③ ₩30,000
④ ₩40,000
⑤ ₩50,000

해설 • 기초자본: 기초자산(22,000) − 기초부채(3,000) − 현금배당(1,000) + 유상증자(7,000)
= ₩25,000
• 기말자본: 기말자산(80,000) − 기말부채(50,000) = ₩30,000
• 당기순이익: 기말자본(30,000) − 기초자본(25,000) = ₩5,000
• 비용총액: 총수익(35,000) − 당기순이익(5,000) = ₩30,000

정답 ③

15 (주)대한의 20×1년도 회계자료의 일부이다. 주어진 자료에 의하여 계산한 20×1년도 당기순손익은? 제12회 수정

기 초 자 산	₩70,000	기 중 유 상 증 자	₩10,000
기 초 부 채	40,000	현 금 배 당	22,000
기 말 자 산	120,000	총 수 익	130,000
기 말 부 채	50,000		

① 당기순손실 ₩40,000
② 당기순손실 ₩20,000
③ 당기순이익 ₩52,000
④ 당기순이익 ₩40,000
⑤ 당기순이익 ₩82,000

해설 • 기말자본: 기말자산(120,000) − 기말부채(50,000) = ₩70,000
• 수정 기초자본: [기초자산(70,000) − 기초부채(40,000)] + 유상증자(10,000) − 현금배당
(22,000) = ₩18,000
• 당기순손익: 기말자본(70,000) − 기초자본(18,000) = ₩52,000 이익

정답 ③

16 (주)한국의 20×1년 자료가 다음과 같을 때, 20×1년 기말자본은? (단, 20×1년에 자본거래는 없다고 가정한다)

제25회 기출

기초자산(20×1년 초)	₩300,000	총수익(20×1년)	₩600,000
기초부채(20×1년 초)	200,000	총비용(20×1년)	400,000

① ₩100,000

② ₩200,000

③ ₩300,000

④ ₩400,000

⑤ ₩500,000

해설 • 기초자본: 기초자산(300,000) − 기초부채(200,000) = ₩100,000
• 당기순이익: 총수익(600,000) − 총비용(400,000) = ₩200,000
• 기말자본: 기초자본(100,000) + 당기순이익(200,000) = ₩300,000

정답 ③

중요 개념 확인하기!

❶ 자산은 미래의 경제적 효익을 어느 정도 기대할 수 있어야 하고 자산의 금액을 신뢰성 있게 측정할 수 있어야 한다. ○ | ×

❷ 기업의 자본은 소유주지분 또는 주주지분이라고도 한다. 이는 기업의 자산합계에서 부채합계를 차감한 잔여지분이다. ○ | ×

❸ 포괄손익계산서는 기업의 일정 시점 경영활동의 결과로 재무성과를 나타내는 재무보고서이다. ○ | ×

❹ 경제적 효익이란 수익을 창출할 수 있는 능력을 말하며, (   )이라고도 한다.

❺ 자산의 증가 또는 부채의 감소의 원인은 (   )이고, 자산의 감소 또는 부채의 증가의 원인은 (   )이다.

① X 자산은 미래의 경제적 효익을 확실히 기대할 수 있어야 하고 자산의 금액을 신뢰성 있게 측정할 수 있어야 한다.
② O ③ X 포괄손익계산서는 기업의 일정 기간 동안 경영활동의 결과로 재무성과를 나타내는 재무보고서이다.
④ 용역 잠재력 ⑤ 수익, 비용

03 회계의 순환과정

✅ 이 단원은 회계정보를 장부에 기입하는 과정으로, 흔히 부기과정이라고 합니다. 다시 말해, 회계정보를 생산하여 전달하는 과정으로 장부기록의 순서, 거래, 분개, 전기, 시산표 등을 통해 수험생 여러분이 직접 쓰고 계산하여야 하는 아주 중요한 과정입니다. 거래의 식별, 분개와 전기, 시산표의 정의를 꼭 숙지하시기 바랍니다.

CHAPTER 한눈에 보기

1 회계의 순환과정

· 거래의 종류 이해하기

Q 용어 CHECK
· 회계의 순환과정
· 회계상 거래
· 거래의 이중성
· 계정(Account; A/C)
· 대차평균의 원리

2 분개와 전기

· 분개와 전기의 개념과 절차 파악하기

Q 용어 CHECK
· 분개와 전기

3 시산표와 결산 절차

· 시산표의 정의 이해하기
· 결산 예비절차, 결산 본절차, 결산 후 절차 이해하기

Q 용어 CHECK
· 시산표
· 결산

발문 미리보기

• 다음 중 회계상 거래가 아닌 것은?

• 다음 중 시산표를 통해서 발견할 수 있는 오류는?

• 다음 중 시산표에 관한 설명으로 옳지 않은 것은?

| POINT | 회계의 순환과정은 회계에서 가장 기초가 되는 장부기입에 관한 내용을 학습하는 단원으로, 기초과정에서는 가장 중요한 단원입니다. 거래·분개·전기 등을 확실히 숙지하여야 하고, 대표 발문 모두가 자주 출제되는 발문이므로 꼭 숙지하도록 합니다. 특히 시산표의 오류검증은 기본과정에서도 아주 중요합니다.

1 회계의 순환과정

1. 의의

'회계의 순환(Accounting Cycle)'이란 인위적으로 구분된 회계기간을 단위로 회계목적을 수행하기 위하여 매년 반복적으로 수행하는 기술적인 과정을 말한다. 즉, 회계대상의 증감변동인 거래를 식별하여 인식하고, 이를 기록·계산·정리하여 최종적인 재무제표를 작성하는 단계까지의 정보작성자와 정보이용자 사이의 정보전달의 순환과정을 말한다.

2. 순환과정

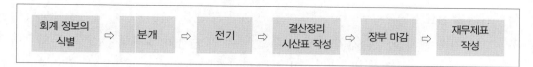

회계 정보의 식별 ⇨ 분개 ⇨ 전기 ⇨ 결산정리 시산표 작성 ⇨ 장부 마감 ⇨ 재무제표 작성

3. 회계상 거래(Transactions)

(1) 의의

① 장부에 기록할 경제적 사상(事象, Events)으로, 자산·부채 및 자본에 증감변화를 일으키는 모든 사건 또는 현상을 뜻한다.

② 일상적인 의미의 거래(계약, 주문, 약속, 업무추진 등)와 반드시 일치하지는 않는다.

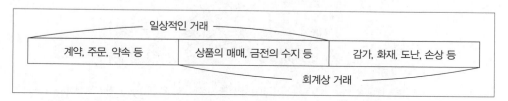

일상적인 거래 — 계약, 주문, 약속 등 / 상품의 매매, 금전의 수지 등 / 감가, 화재, 도난, 손상 등 — 회계상 거래

(2) 회계상 거래인지 여부

상품·비품 등의 매매, 채권·채무의 발생과 소멸, 비용의 지급, 수익의 발생, 화재 및 도난에 의한 손실, 비품·건물의 사용에 의한 가치소모 등은 회계상 거래이다. 반면에 상품의 매매계약, 토지·건물의 임대차계약, 상품의 주문·보관, 담보제공, 종업원의 채용·퇴직, 신용제공 등은 회계상 거래가 아니다.

회계원리

공동주택 시설개론

민법

▶ 회계상 거래 여부 구별

회계상 거래인 것	회계상 거래가 아닌 것
• 현금의 수지 및 현금의 대차 • 현금의 분실(도난) • 상품의 파손, 부패, 도난 • 매출채권의 회수불능(대손) • 유형자산(건물 등)의 감가상각 • 재산세 등의 고지서 수취 • 화재 등으로 인한 손실 • 주식배당	• 상품의 주문, 매매계약 • 건물사무실의 임대차계약 • 담보, 신용제공 • 약속, 의뢰, 보관, 위탁 • 종업원의 채용 및 해임 • 현금 이외의 자산의 대여 • 주식분할(액면분할)

4. 거래 8요소의 결합관계

(1) 거래의 8요소

모든 거래는 자산의 증가와 자산의 감소, 부채의 증가와 부채의 감소, 자본의 증가와 자본의 감소, 비용의 발생과 수익의 발생이라는 8개의 요소로 구성되어 있다.

(2) 거래요소의 결합관계

거래의 8요소가 서로 결합되어 여러 가지 조합을 이루는 관계를 '거래요소의 결합관계'라고 한다.

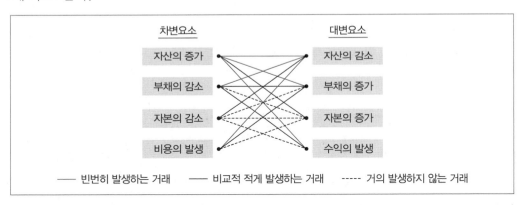

5. 거래의 이중성

모든 거래는 차변요소(왼쪽)와 대변요소(오른쪽)의 결합으로 이루어지는데, 이 경우에 차변요소의 금액과 대변요소의 금액이 일치하는 것을 '거래의 이중성'이라고 한다.

예 "상품 ₩150,000을 현금지급하고 매입하다." ⇨ 상품이라는 자산이 ₩150,000 증가 (차변)하고, 현금이라는 자산이 ₩150,000 감소(대변)하는 거래로서, 양쪽 모두 금액은 ₩150,000으로 일치한다.

6. 거래의 종류

(1) 현금수지 여부에 따라

① **현금거래**: 현금의 수입·지출이 수반되는 거래(입금거래, 출금거래)

② **대체거래**: 현금이 수반되지 않는 거래(전부대체거래, 일부대체거래)

(2) 발생원천에 따라

① **외부거래**: 특정실체와 다른 실체 간에 일반적으로 발생하는 거래

② **내부거래**: 특정실체 내에서의 거래로서 감가상각, 상품감모의 처리 등과 같이 기업의 내부에서 발생하는 거래이며, 본·지점 간의 거래

(3) 손익발생(결합관계) 여부에 따라

① **교환거래**: 비용의 발생이나 수익의 발생은 없고, 다만 자산·부채·자본의 증감 변동만이 발생하는 거래이며, 어떠한 경우에도 순이익에 영향이 없다. 즉, 거래의 총액은 자산·부채·자본의 증감액이다.

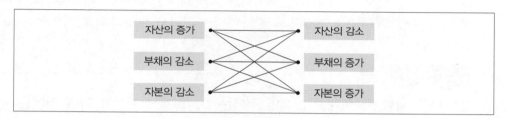

㉠ 상품 ₩10,000을 매입하고 대금을 외상으로 하다.

　(차) (상품)자산의 증가　　　　(대) (외상매입금)부채의 증가

② **손익거래**: 거래의 총액이 수익의 발생이나 비용의 발생에 의하여 생기는 거래로서 항상 순이익에 영향이 있다. 즉, 거래의 총액은 수익의 발생액이나 비용의 발생액이다.

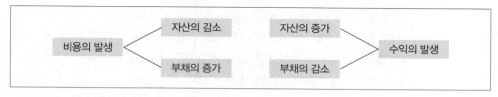

㉠ 이자 ₩10,000을 현금으로 받다.

　(차) (현금)자산의 증가　　　　(대) (이자수익)수익의 발생

③ **혼합거래**: 교환거래와 손익거래가 혼합된 거래로서, 거래의 총액 속에 수익이나 비용의 발생과 함께 자산이나 부채 및 자본의 증감액이 혼합되어 있는 거래이다. 즉, 거래의 총액은 수익의 발생액, 비용의 발생액 + 자산·부채·자본의 증감액이다.

㉖ 상품원가 ₩10,000을 ₩15,000에 매출하고 대금은 현금으로 받다.

　　(차) (현금)자산의 증가　　　(대) (상품)자산의 감소

　　　　　　　　　　　　　　　　　　(상품매출이익)수익의 발생

(4) 당기순이익에 영향을 주는 거래: 수익이나 비용이 발생하는 거래

　㉖ 이자수익 ₩10,000을 현금으로 받다. ⇨ 수익 발생으로 순이익이 증가한다.

　㉖ 임차료 ₩10,000을 현금으로 지급하다. ⇨ 비용 발생으로 순이익이 감소한다.

이렇게 출제!

01 다음 사항 중 회계상 거래인 것에는 ○, 회계상 거래가 아닌 것에는 ×를 ( ) 안에 표시하시오.

⑴ 매입한 상품 ₩50,000이 불량품이라서 정품과 교환하다. 　　(　)

⑵ 화재로 인하여 건물 ₩50,000이 소실되다. 　　(　)

⑶ 은행에서 현금 ₩50,000을 차입하기로 약속하다. 　　(　)

⑷ 재산세 ₩50,000의 납부 통지서를 받다. 　　(　)

⑸ 상품 ₩50,000을 매출하기로 주문받다. 　　(　)

⑹ 현금 ₩50,000을 분실하다. 　　(　)

⑺ 월급 ₩50,000씩 지급하기로 하고 경리사원을 채용하다. 　　(　)

⑻ 한국상점으로부터 컴퓨터 1대(₩50,000)를 기증받다. 　　(　)

⑼ 점포 30평을 월세 ₩50,000의 조건으로 계약하다. 　　(　)

⑽ 은행 차입을 위해 토지 ₩50,000을 담보로 제공하다. 　　(　)

정답 • 회계상 거래인 것: ⑵, ⑷, ⑹, ⑻
　　• 회계상 거래가 아닌 것: ⑴, ⑶, ⑸, ⑺, ⑼, ⑽

02 다음 거래 중 교환거래는 '교', 손익거래는 '손', 혼합거래는 '혼'이라고 (   ) 안에 표시하시오.

(1) 현금 ₩50,000을 출자하여 영업을 시작하다.　　　　　　　　　(　)

(2) 외상매입금 ₩250,000을 수표로 발행하여 지급하다.　　　　　(　)

(3) 전화요금 ₩80,000과 수도요금 ₩20,000을 은행에 현금으로 납부하다.
　　　　　　　　　　　　　　　　　　　　　　　　　　　　　　(　)

(4) 원가 ₩200,000의 상품을 ₩250,000에 외상매출하다.　　　　(　)

(5) 외상매출금 ₩250,000을 현금으로 회수하다.　　　　　　　　(　)

(6) 단기대여금에 대한 이자 ₩5,000을 현금으로 받다.　　　　　(　)

(7) 단기차입금 ₩300,000과 이자 ₩7,000을 수표로 지급하다.　(　)

(8) 상품 ₩80,000을 매입하고 대금 중 ₩50,000은 현금으로 지급하고, 잔액은
약속어음을 발행하여 지급하다.　　　　　　　　　　　　　　(　)

(9) 집세 ₩10,000과 이자 ₩20,000을 현금으로 지급하다.　　　(　)

(10) 상품(원가 ₩50,000)을 ₩40,000에 매출하고 대금은 수표로 받다.　(　)

> 정답 • 교환거래: (1), (2), (5), (8)
> • 손익거래: (3), (6), (9)
> • 혼합거래: (4), (7), (10)

03 다음 거래의 결합관계와 거래의 종류를 표시하시오.

(1) 현금 ₩100,000을 출자하여 상품매매업을 시작하다.

(2) 상품 ₩200,000을 매입하고 수표를 발행하여 지급하다.

(3) 전기요금 ₩10,000과 수도요금 ₩20,000을 은행에 현금으로 납부하다.

(4) 원가 ₩20,000의 상품을 ₩25,000에 어음을 받고 매출하다.

(5) 현금 ₩50,000을 은행에 당좌예금하다.

(6) 단기차입금 ₩30,000과 이자 ₩5,000을 현금으로 지급하다.

(7) 상품 ₩60,000을 매입하고 대금 중 반은 현금으로 지급하고, 반은 외상으로 하다.

(8) 집세 ₩10,000을 미지급하다.

(9) 원가 ₩10,000의 상품을 ₩9,000에 매출하고 대금은 외상으로 하다.

(10) 이자 ₩20,000이 보통예금 통장에 가산되다.

> 정답 (1) (차) 자산의 증가　　　　　(대) 자본의 증가　　　　　(교환거래)
> (2) (차) 자산의 증가　　　　　(대) 자산의 감소　　　　　(교환거래)
> (3) (차) 비용의 발생　　　　　(대) 자산의 감소　　　　　(손익거래)
> (4) (차) 자산의 증가　　　　　(대) 자산의 감소　　　　　(혼합거래)
> 　　　　　　　　　　　　　　수익의 발생
> (5) (차) 자산의 증가　　　　　(대) 자산의 감소　　　　　(교환거래)

(6) (차) 부채의 감소   (대) 자산의 감소   (혼합거래)
      비용의 발생

(7) (차) 자산의 증가   (대) 자산의 감소   (교환거래)
      부채의 증가

(8) (차) 비용의 발생   (대) 부채의 증가   (손익거래)

(9) (차) 자산의 증가   (대) 자산의 감소   (혼합거래)
      비용의 발생

(10) (차) 자산의 증가   (대) 수익의 발생   (손익거래)

04 회계상 거래에 해당하지 않는 것은?

제22회 기출

① 재고자산을 ₩300에 판매하였으나 그 대금을 아직 받지 않았다.
② 종업원의 급여 ₩500 중 ₩200을 지급하였으나, 나머지는 아직 지급하지 않았다.
③ 거래처와 원재료를 1kg당 ₩100에 장기간 공급받기로 계약하였다.
④ 비업무용 토지 ₩1,200을 타회사의 기계장치 ₩900과 교환하였다.
⑤ 거래처의 파산으로 매출채권 ₩1,000을 제거하였다.

해설 거래처와 원재료를 1kg당 ₩100에 장기간 공급받기로 계약하였다면 회계상 거래에 해당하지 않는다.

정답 ③

05 자산과 비용에 모두 영향을 미치는 거래는?

제25회 기출

① 당기 종업원급여를 현금으로 지급하였다.
② 비품을 외상으로 구입하였다.
③ 현금을 출자하여 회사를 설립하였다.
④ 매입채무를 당좌예금으로 지급하였다.
⑤ 기존 차입금에 대하여 추가 담보를 제공하였다.

해설 자산과 비용이 발생하는 거래는 손익거래이다. ②, ③, ④는 교환거래이고 ⑤는 거래가 아니다.

정답 ①

06 회계거래에 해당하지 않는 것은?

제18회 기출

① 기숙사에 설치된 시설물 ₩1,000,000을 도난당하다.
② 원가 ₩1,300,000의 상품을 현금 ₩1,000,000에 판매하다.
③ 이자 ₩500,000을 현금으로 지급하다.
④ 영업소 임차계약을 체결하고, 1년분 임차료 ₩1,200,000을 현금으로 지급하다.
⑤ 직원과 월급 ₩2,000,000에 고용계약을 체결하다.

해설 직원과 월급 ₩2,000,000에 고용계약을 체결하는 것은 거래가 아니다.

정답 ⑤

7. 계정(Account; A/C)의 의의

거래의 발생으로 인하여 나타나는 자산·부채·자본·수익·비용의 변동을 상세히 기록하기 위하여 설정한 기본적인 계산단위를 '계정(Account; A/C)'이라고 한다.

> - 계정과목: 각 계정에 붙여진 항목의 이름
> - 계정형식: 표준식과 잔액식
> - 대변(Creditor; Cr): 계정의 오른쪽
> - 계정계좌: 각 계정의 기입장소
> - 차변(Debtor; Dr): 계정의 왼쪽

8. 계정기입의 법칙

각 계정에 기입되는 모든 거래는 증가와 감소 또는 발생과 소멸 등의 서로 반대되는 두 가지 측면을 가지고 있다. 자산·부채·자본 및 비용·수익에 대한 각 항목의 증가 및 감소가 각 계정의 차변 및 대변에 어떻게 기입되는가를 표시하면 다음과 같으며, 이를 '계정기입의 법칙'이라고 한다.

(1) 재무상태표 계정의 기입방법

① **자산계정**: 증가는 차변에, 감소는 대변에 기입한다.
② **부채계정**: 증가는 대변에, 감소는 차변에 기입한다.
③ **자본계정**: 증가는 대변에, 감소는 차변에 기입한다.

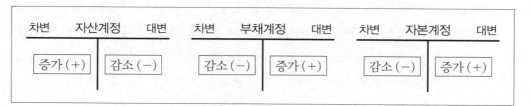

(2) 포괄손익계산서 계정의 기입방법

① **수익계정**: 발생은 대변에, 소멸은 차변에 기입한다.
② **비용계정**: 발생은 차변에, 소멸은 대변에 기입한다.

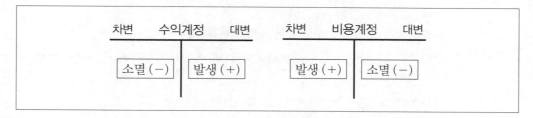

9. 실재계정과 명목계정

(1) 실재계정(실질계정)

유형·무형을 막론하고 실제로 실물이 존재하여 실재가치를 가지는 계정으로서, 물건·권리·의무 등을 나타내는 계정이다. 실재계정은 자산·부채·자본계정, 즉 재무상태표 계정과 일치한다.

(2) 명목계정

실제로 존재하지 않는 것으로서 허구적으로 가상한 계정이다. 명목계정은 자본의 증감을 일으키는 수익·비용의 계정을 말하는데, 보통 손익계산서 계정을 말한다.

10. 대차평균의 원리

(1) 의의

거래가 이루어지면 반드시 어떤 계정의 차변과 또 다른 계정의 대변에 똑같은 금액을 기입하므로, 아무리 많은 거래가 계정에 기입되더라도 계정 전체를 통해서 본다면 차변금액 합계와 대변금액 합계는 반드시 일치하게 된다. 이 일치관계를 '대차평균의 원리'라고 한다.

(2) 기능

대차평균의 원리는 복식부기의 가장 중요하고 기본적인 원칙으로서, 계정 전체의 차변금액 합계와 대변금액 합계의 일치 여부를 확인함으로써 장부기장과 계산의 정확성 여부를 판단할 수 있다. 만약, 양쪽 금액이 일치하지 않는다면 장부기장상이나 계산에 있어서 오류가 발생했다는 것을 의미하는데, 복식부기의 이러한 기능을 일컬어 '자기검증기능'이라 한다.

이렇게 출제!

07 다음 내용에 해당하는 알맞은 계정과목을 (　　) 안에 기입하시오.

(1) 지폐 및 주화, 통화대용증권(자기앞수표 등)　　　　　　(　　　　　　)

(2) 은행에 당좌예입하거나 수표를 발행하였을 때　　　　　(　　　　　　)

(3) 통화 및 자기앞수표 등 통화대용증권과 당좌예금·보통예금을 합한 것

　　　　　　　　　　　　　　　　　　　　　　　　　　　(　　　　　　)

(4) 현금흐름(원리금) 수취와 매도의 목적으로 보유한 사채　(　　　　　　)

(5) 단기 시세차익을 목적으로 주식, 사채를 매입하였을 때　(　　　　　　)

(6) 상품을 매출하고 대금은 외상으로 하였을 때　　　　　　(　　　　　　)

---

(7) 상품을 매출하고 대금은 약속어음으로 받았을 때　　　　　(　　　　　　)

(8) 상품이 아닌 재화 등을 매각처분하고 대금을 외상(또는 어음)으로 했을 때

　　　　　　　　　　　　　　　　　　　　　　　　　　　　　　(　　　　　　)

(9) 현금을 빌려주고 차용증서(또는 어음)를 받았을 때　　　　　(　　　　　　)

(10) 상품을 주문하고 계약금을 지급하였을 때　　　　　　　　　(　　　　　　)

(11) 판매를 목적으로 외부로부터 매입한 물품　　　　　　　　　(　　　　　　)

(12) 사무용품을 구입하였을 때　　　　　　　　　　　　　　　　(　　　　　　)

(13) 영업용 책상, 의자, 금고, 응접세트, 컴퓨터, 복사기 등을 구입하였을 때

　　　　　　　　　　　　　　　　　　　　　　　　　　　　　　(　　　　　　)

(14) 영업에 사용할 목적으로 점포, 창고 등을 구입하였을 때 (　　　　　　)

(15) 상품을 매입하고 대금은 외상으로 하였을 때　　　　　　　(　　　　　　)

(16) 상품을 매입하고 대금은 약속어음으로 발행하였을 때　　　(　　　　　　)

(17) 상품이 아닌 재화 등을 구입하고, 대금을 외상(또는 어음)으로 했을 때

　　　　　　　　　　　　　　　　　　　　　　　　　　　　　　(　　　　　　)

(18) 현금을 빌려오고 차용증서(또는 어음)를 써 준 경우　　　　(　　　　　　)

(19) 상품을 주문받고 착수금을 받았을 때　　　　　　　　　　　(　　　　　　)

(20) 기업주가 출자한 현금이나 상품, 건물 등　　　　　　　　　(　　　　　　)

(21) 상품을 원가 이상으로 매출하고 생긴 이익　　　　　　　　(　　　　　　)

(22) 단기대여금 또는 은행예금에서 얻은 이자를 받았을 때　　(　　　　　　)

(23) 집세를 받았을 때　　　　　　　　　　　　　　　　　　　　(　　　　　　)

(24) 중개역할을 하고 중개수수료를 받았을 때　　　　　　　　　(　　　　　　)

(25) 폐품 등을 처분하고 생긴 이익금 또는 영업활동 외에서 생긴 적은 이익금

　　　　　　　　　　　　　　　　　　　　　　　　　　　　　　(　　　　　　)

(26) 상품을 원가 이하로 매출하고 생긴 손실　　　　　　　　　(　　　　　　)

(27) 점원의 급료(월급)를 지급하였을 때　　　　　　　　　　　(　　　　　　)

(28) 단기차입금에 대한 이자를 지급하였을 때　　　　　　　　　(　　　　　　)

(29) 집세를 지급하였을 때　　　　　　　　　　　　　　　　　　(　　　　　　)

(30) 택시요금, 시내교통비를 지급하였을 때　　　　　　　　　　(　　　　　　)

(31) 전기요금, 수도요금, 가스요금을 지급하였을 때　　　　　　(　　　　　　)

(32) 전화요금, 인터넷 사용요금, 우표 등을 지급하였을 때　　(　　　　　　)

(33) 사무용 장부, 볼펜 등을 구입하여 사용하였을 때　　　　　(　　　　　　)

(34) 재산세, 자동차세 및 상공회의소 회비를 지급하였을 때　(　　　　　　)

(35) 화재보험료, 자동차보험료를 지급하였을 때　　　　　　　　(　　　　　　)

(1) 현금
(2) 당좌예금
(3) 현금및현금성자산
(4) 기타포괄손익 – 공정가치 측정 금융자산
(5) 당기손익 – 공정가치 측정 금융자산
(6) 외상매출금
(7) 받을어음
(8) 미수금
(9) 단기대여금
(10) 선급금
(11) 상품
(12) 소모품
(13) 비품
(14) 건물
(15) 외상매입금
(16) 지급어음
(17) 미지급금
(18) 단기차입금
(19) 선수금
(20) 자본금
(21) 매출총이익
(22) 이자수익
(23) 임대료
(24) 수수료수익
(25) 잡이익
(26) 매출총손실
(27) 급여
(28) 이자비용
(29) 임차료
(30) 여비교통비
(31) 수도광열비
(32) 통신비
(33) 소모품비
(34) 세금과공과
(35) 보험료

2 분개와 전기

1. 분개(分介, Journalizing)

거래가 발생하면 거래의 내용을 분석하여 어느 계정에 얼마의 금액을 기입할 것인가를 구체적인 과목별로 결정해야 하는데, 이와 같은 과정을 '분개'라고 하며, 분개를 거래의 발생순서에 따라 기입하는 장부를 '분개장(Journal)'이라고 한다. 분개장은 모든 거래를 날짜별로 기록하므로, 영업일지의 역할도 한다.

(1) 분개의 절차

① 거래를 식별한다. 즉, 회계상의 거래인가를 확인한다.
② 계정과목을 결정한다.
③ 계정기입의 법칙(분개의 법칙)에 따라 어느 곳(차변 또는 대변)에 기입할 것인가를 결정한다.
④ 기입해야 할 금액을 결정한다.
⑤ 차변금액과 대변금액의 일치 여부를 확인한다.

(2) 분개장제도

① 분개장은 회계상의 거래를 최초로 기입하는 원시기입장으로서, 보통분개장(General Journal)과 특수분개장(Special Journal)으로 분할하여 복수분개장제도를 이용하는 경우가 있다.

② 특수분개장으로 사용하는 것은 분개장을 보조하는 보조기입장(현금출납장, 당좌예금출납장, 매입장, 매출장, 받을어음기입장, 지급어음기입장 등)이 있으며, 특수분개장에 기입되지 않는 거래는 보통분개장에 기입한다.

2. 전기와 총계정원장

거래를 분개하여 분개장에 기입이 끝나면 분개한 것을 해당 계정에 옮겨 적는 절차를 '전기(Posting)'라고 한다. 전기는 분개의 차변에 있는 계정은 해당 계정의 차변에 기입하고, 대변에 있는 계정은 해당 계정의 대변에 기입한다. 이와 같이 모든 거래는 분개를 통해 각 총계정원장에 전기되는 것이다. 총계정원장은 결산의 기초가 되는 장부로서, 기업의 재무상태와 경영성과를 파악하는 데 중요한 역할을 담당한다.

이렇게 출제!

08 다음 거래를 분개하시오.

1. 현금 ₩60,000과 건물 ₩40,000으로 영업을 개시하다.
2. 상품 ₩50,000을 매입하고 대금은 외상으로 하다.
3. 상품 ₩20,000(원가 ₩15,000)을 매출하고 대금은 약속어음으로 받다.
4. 현금 ₩20,000을 은행에 당좌예금하다.
5. 외상매입금 ₩10,000을 수표를 발행하여 지급하다.
6. 현금 ₩10,000을 대여하고 약속어음을 받다.
7. 단기대여금 ₩10,000과 이자 ₩2,000을 현금으로 회수하다.
8. 영업용 차량운반구 ₩20,000을 구입하고, 대금 중 ₩15,000은 수표를 발행하여 지급하고, 잔액은 1개월 후에 지급하기로 하다.
9. 우표 및 엽서 구입대금 ₩10,000을 현금으로 지급하다.
10. 영업용 비품 ₩20,000을 구입하고 대금은 약속어음을 발행하여 지급하다.
11. 단기차입금 ₩50,000에 대한 이자 ₩1,000을 현금으로 지급하다.
12. 상품 ₩18,000(원가 ₩20,000)을 매출하고 대금 중 ₩10,000은 현금으로 받고, 잔액은 약속어음으로 받다.
13. 점포에 대한 집세 ₩40,000을 현금으로 지급하다.
14. 점포에 대한 집세 ₩50,000을 현금으로 받다.
15. 자동차세 ₩10,000을 수표로 납부하다.

번호	차변과목	금액	대변과목	금액
1				
2				
3				
4				
5				
6				
7				
8				
9				
10				
11				
12				
13				
14				
15				

정답 번호	차변과목	금액	대변과목	금액
1	현 금 건 물	₩60,000 40,000	자 본 금	₩100,000
2	상 품	50,000	외 상 매 입 금	50,000
3	받 을 어 음	20,000	상 품 상 품 매 출 이 익	15,000 5,000
4	당 좌 예 금	20,000	현 금	20,000
5	외 상 매 입 금	10,000	당 좌 예 금	10,000
6	단 기 대 여 금	10,000	현 금	10,000
7	현 금	12,000	단 기 대 여 금 이 자 수 익	10,000 2,000
8	차 량 운 반 구	20,000	당 좌 예 금 미 지 급 금	15,000 5,000
9	통 신 비	10,000	현 금	10,000
10	비 품	20,000	미 지 급 금	20,000
11	이 자 비 용	1,000	현 금	1,000
12	현 금 받 을 어 음 상 품 매 출 손 실	10,000 8,000 2,000	상 품	20,000
13	임 차 료	40,000	현 금	40,000
14	현 금	50,000	임 대 료	50,000
15	세 금 과 공 과	10,000	현 금	10,000

09 다음 거래를 분개하시오.

1. 현금 ₩100,000(차입금 ₩20,000 포함)으로 영업을 시작하다.
2. 비품 ₩40,000을 구입하고 대금 중 반은 현금지급하고 잔액은 외상으로 하다.
3. 현금 ₩10,000을 대여하고 약속어음을 받다.
4. 상품 ₩50,000을 주문하고 계약금 ₩5,000을 현금으로 지급하다.
5. 상품 ₩30,000을 매입하고 대금 중 ₩20,000은 현금으로 지급하고, 잔액은 약속어음을 발행하여 지급하다.
6. 영업용 건물 ₩20,000을 구입하고 대금 중 ₩15,000은 수표를 발행하여 지급하고, 잔액은 약속어음을 발행하여 지급하다.
7. 상품 ₩30,000(원가 ₩25,000)을 매출하고 대금 중 ₩20,000은 현금으로 받아 즉시 당좌예금하고, 잔액은 약속어음으로 받다.
8. 상품 ₩30,000(원가 ₩35,000)을 매출하고 대금은 수표로 받다.
9. 사무용품 ₩10,000을 구입하고 현금으로 지급하다(비용처리할 것).
10. 건물을 수선하고 수선비 ₩10,000을 1개월 후에 지급하기로 하다.

번호	차변과목	금액	대변과목	금액
1				
2				
3				
4				
5				
6				
7				
8				
9				
10				

[정답]

번호	차변과목	금액	대변과목	금액
1	현 금	₩100,000	자 본 금 단 기 차 입 금	₩80,000 20,000
2	비 품	40,000	현 금 미 지 급 금	20,000 20,000
3	단 기 대 여 금	10,000	현 금	10,000
4	선 급 금	5,000	현 금	5,000
5	상 품	30,000	현 금 지 급 어 음	20,000 10,000
6	건 물	20,000	당 좌 예 금 미 지 급 금	15,000 5,000
7	당 좌 예 금 받 을 어 음	20,000 10,000	상 품 상 품 매 출 이 익	25,000 5,000
8	현 금 상 품 매 출 손 실	30,000 5,000	상 품	35,000
9	소 모 품 비	10,000	현 금	10,000
10	수 선 비	10,000	미 지 급 수 선 비	10,000

10 다음 거래를 분개하여 총계정원장(T자형)에 전기하시오.

1월	1일	현금 ₩500,000을 출자하여 영업을 개시하다.
	3일	현금 ₩200,000을 은행에 당좌예금하다.
	5일	상품 ₩120,000을 매입하고 대금은 외상으로 하다.
	7일	사무용 책상 ₩50,000을 구입하고 대금은 수표를 발행하여 지급하다.
	15일	상품 ₩80,000(원가 ₩50,000)을 외상으로 매출하다.
	25일	이달분 집세 ₩10,000을 현금으로 지급하다.
	31일	이달분 급여 ₩15,000을 현금으로 지급하다.

일자	차변과목	금액	대변과목	금액
1/1				
1/3				
1/5				
1/7				
1/15				
1/25				
1/31				

정답

일자	차변과목	금액	대변과목	금액
1/1	현　　　　　금	₩500,000	자　　　본　　　금	₩500,000
1/3	당　좌　예　금	200,000	현　　　　　금	200,000
1/5	상　　　　　품	120,000	외　상　매　입　금	120,000
1/7	비　　　　　품	50,000	당　좌　예　금	50,000
1/15	외　상　매　출　금	80,000	상　　　　　품 상 품 매 출 이 익	50,000 30,000
1/25	임　　차　　료	10,000	현　　　　　금	10,000
1/31	급　　　　　여	15,000	현　　　　　금	15,000

총계정원장

현금
1/1 자 본 금 500,000	1/3 당좌예금 200,000
	1/25 임 차 료 10,000
	1/31 급　여 15,000

당좌예금
1/3 현　금 200,000	1/7 비 품 50,000

상품
1/5 외상매입금 120,000	1/15 외상매출금 50,000

외상매출금
1/15 제　좌 80,000	

	비품	
1/7 당좌예금 50,000		

	외상매입금	
	1/5 상 품 120,000	

	자본금	
	1/1 현 금 500,000	

	상품매출이익	
	1/15 외상매출금 30,000	

	임차료	
1/25 현 금 10,000		

	급여	
1/31 현 금 15,000		

11 다음은 (주)한국의 1월 거래내역이다. 분개하고 총계정원장에 전기하시오.

1월 1일 현금 ₩600,000을 출자하여 영업을 시작하다.
    3일 상품 ₩400,000을 매입하고, 대금은 현금으로 지급하다.
    7일 영업용 비품 ₩100,000을 구입하고, 어음을 발행하다.
   10일 원가 ₩200,000의 상품을 ₩250,000에 외상으로 매출하다.
   15일 현금 ₩150,000을 차입하다.
   20일 상품 ₩400,000을 매입하고, 대금은 외상으로 하다.
   23일 외상매출금 ₩100,000을 현금으로 회수하다.
   24일 차입금 중 ₩100,000을 현금으로 상환하다.
   25일 상품 ₩400,000(원가 ₩300,000)을 매출하고, 대금은 현금으로 받다.
   30일 종업원 급여 ₩60,000을 현금으로 지급하다.

일자	차변과목	금액	대변과목	금액
1/1				
1/3				
1/7				
1/10				
1/15				
1/20				
1/23				
1/24				
1/25				
1/30				

일자	차변과목	금액	대변과목	금액
1/1	현 금	₩600,000	자 본 금	₩600,000
1/3	상 품	400,000	현 금	400,000
1/7	비 품	100,000	미 지 급 금	100,000
1/10	외 상 매 출 금	250,000	상 품	200,000
			상 품 매 출 이 익	50,000
1/15	현 금	150,000	단 기 차 입 금	150,000
1/20	상 품	400,000	외 상 매 입 금	400,000
1/23	현 금	100,000	외 상 매 출 금	100,000
1/24	단 기 차 입 금	100,000	현 금	100,000
1/25	현 금	400,000	상 품	300,000
			상 품 매 출 이 익	100,000
1/30	급 여	60,000	현 금	60,000

총계정원장

현금	
1/1 자 본 금 600,000	1/3 상 품 400,000
1/15 단기차입금 150,000	1/24 단기차입금 100,000
1/23 외상매출금 100,000	1/30 급 여 60,000
1/25 제 좌 400,000	

상품	
1/3 현 금 400,000	1/10 외상매출금 200,000
1/20 외상매입금 400,000	1/25 현 금 300,000

외상매출금	
1/10 제 좌 250,000	1/23 현 금 100,000

비품	
1/7 미지급금 100,000	

외상매입금	
	1/20 상 품 400,000

단기차입금	
1/24 현 금 100,000	1/15 현 금 150,000

미지급금	
	1/7 비 품 100,000

자본금	
	1/1 현 금 600,000

급여	
1/30 현 금 60,000	

상품매출이익	
	1/10 외상매출금 50,000
	1/25 현 금 100,000

3 시산표와 결산 절차

1. 시산표(試算表)

(1) 의의

'시산표(Trial Balance; T/B)'는 총계정원장의 기입이 바르게 되었는지 검증하기 위하여 작성하는 일람표로서, 작성시기와 목적에 따라 결산수정전시산표, 결산수정후시산표, 이월시산표로 구분된다. 또한 결산수정전시산표는 합계시산표, 잔액시산표, 합계잔액시산표로 분류하고, 시산표를 작성하는 목적은 분개장에서 원장으로의 전기가 정확하게 이루어졌는가를 검토하는 것으로 결산 전 개괄적인 재무상태와 경영성과를 파악하기 위함이다.

(2) 시산표의 종류

① **합계시산표**: 원장 각 계정의 차변합계액과 대변합계액을 모은 것으로, 합계시산표의 합계액은 그 회계기간에 있어서의 거래총액이므로 분개장의 합계와도 반드시 일치한다.

② **잔액시산표**: 원장 각 계정의 차변합계액과 대변합계액의 차액인 잔액으로써 작성되는 시산표이다. 자산계정과 비용계정은 차변합계액이 대변합계액보다 크므로 그 잔액이 차변에 발생하고, 부채와 자본 및 수익계정은 대변합계액이 차변합계액보다 크므로 그 잔액이 대변에 발생한다. 이를 '시산표 등식'이라고 한다.

▶▶ **시산표 등식**

기말자산 + 총비용 = 기말부채 + 기초자본 + 총수익

③ **합계잔액시산표**: 원장 각 계정의 차변합계액과 대변합계액, 그리고 잔액을 모아서 작성한 표이다. 즉, 합계시산표와 잔액시산표를 집계한 표이다.

(3) 시산표의 오류(불일치)

① 시산표의 차변과 대변의 합계액이 일치하지 않을 때에는 분개장의 분개로부터 시산표를 작성할 때까지의 절차를 역으로 조사(시산표 ⇨ 총계정원장 ⇨ 분개장)하여 다음과 같이 불일치의 원인을 가려내야 한다.

　㉠ 시산표 차·대변의 합계액 계산에 틀림이 없는지 검산한다.

　㉡ 총계정원장의 각 계정합계액 또는 잔액을 시산표에 틀림없이 이기하였는지 조사한다.

　㉢ 총계정원장의 각 계정합계액과 잔액의 계산에 틀림이 없는지 검산한다.

　㉣ 분개장으로부터 총계정원장에의 전기에 잘못이 없는지 검산한다.

　㉤ 분개 자체에 오류가 없는지 검토한다.

② 다음의 경우는 시산표의 합계가 일치하여 발견할 수 없는 오류에 해당한다.

　㉠ 거래 전체의 분개가 누락되거나 전기가 누락된 경우

　㉡ 어떤 거래를 이중으로 분개하거나 또는 차·대변 양변에 이중으로 전기한 경우

　㉢ 계정과목을 잘못 설정하였거나 타계정에 전기한 경우

② 차·대변에 다 같이 틀린 동일금액으로 분개하거나 전기한 경우

⑩ 오류가 우연히 상계된 경우

2. 정산표

(1) 의의

'정산표(Working Sheet; W/S)'는 잔액시산표를 기초로 하여 예비적으로 포괄손익계산서와 재무상태표를 작성하는 가결산서이다. 이는 임의적(선택) 절차로, 생략할 수 있다.

(2) 정산표의 작성

① 잔액시산표를 통하여 원장의 모든 계정의 잔액을 그대로 시산표란에 옮겨 적는다.

② 시산표란에서 각 계정과목의 금액 중 수익과 비용에 속하는 과목의 금액은 포괄손익계산서란에, 자산·부채 및 자본에 속하는 과목의 금액은 재무상태표란에 옮겨 적는다.

③ 포괄손익계산서란 및 재무상태표란의 대차차액을 각각 당기순이익(또는 순손실)으로 하여 금액이 적은 편에 기입하고, 대차를 평균시켜 마감한다.

3. 결산 절차

재무정보를 명확하게 계산하고 정리하여 그 결과를 정보이용자에게 보고하는, 재무회계의 순환과정 중 마지막 절차이자 모든 장부를 마감하는 과정을 '결산(Closing)'이라고 한다. 결산은 다음의 절차에 따라 이루어진다.

(1) 결산 예비절차(장부검증)

① **시산표의 작성**: 원장기록의 요약, 원장 전기 검증

② **재고조사표의 작성**(결산정리사항): 장부상 금액과 실제금액을 조사하여 수정

③ **정산표의 작성**(임의절차)

(2) 결산 본절차(장부의 마감)

① **총계정원장의 마감**

㉠ 수익·비용계정을 집합손익계정에 대체

㉡ 집합손익계정의 차/대변 잔액(= 당기순손익)을 이익잉여금(자본)계정에 대체

▶ '대체란 계정의 금액을 다른 계정으로 옮기는 것을 말하고, 대체 시에는 반드시 대체분개가 필요하다.

㉢ 자산·부채·자본계정을 '차기이월'로 마감 ⇨ 이월시산표 작성

② **분개장 및 보조부 등의 마감**

(3) 결산 후 절차(재무제표 작성)

① 기말 재무상태표

② 기간 포괄손익계산서

③ 기간 현금흐름표

④ 기간 자본변동표

⑤ 주석

⑥ 비교기간의 기초 재무상태표(재무제표 항목을 소급하여 재작성 또는 재분류하는 경우)

이렇게 출제!

12 다음의 거래를 분개하고 총계정원장에 전기한 후 시산표와 포괄손익계산서 및 재무상태표를 작성하시오.

> 1월 1일 현금 ₩100,000(차입금 ₩20,000 포함)을 출자하여 영업을 시작하다.
>   3일 사무용 비품 ₩30,000을 현금으로 구입하다.
>   8일 상품 ₩50,000을 매입하고 대금 중 ₩30,000은 현금으로 지급하고, 잔액은 외상으로 하다.
>   10일 상품 ₩45,000(원가 ₩30,000)을 외상으로 매출하다.
>   15일 전기요금 및 수도요금 ₩8,000을 현금으로 지급하다.
>   20일 단기차입금 ₩10,000과 이자 ₩2,000을 현금으로 지급하다.
>   23일 외상매출금 ₩20,000을 현금으로 회수하다.
>   25일 집세 ₩3,000을 현금으로 받다.
>   31일 종업원의 이달분 급여 ₩5,000을 현금으로 지급하다.

일자	차변과목	금액	대변과목	금액
1/1				
1/3				
1/8				
1/10				
1/15				
1/20				
1/23				
1/25				
1/31				

일자	차변과목	금액	대변과목	금액
1/1	현　　　　　금	₩100,000	자　　　본　　　금	₩80,000
			단　기　차　입　금	20,000
1/3	비　　　　　품	30,000	현　　　　　금	30,000
1/8	상　　　　　품	50,000	현　　　　　금	30,000
			외　상　매　입　금	20,000
1/10	외　상　매　출　금	45,000	상　　　　　품	30,000
			상　품　매　출　이　익	15,000
1/15	수　도　광　열　비	8,000	현　　　　　금	8,000
1/20	단　기　차　입　금	10,000	현　　　　　금	12,000
	이　　자　　비　　용	2,000		
1/23	현　　　　　금	20,000	외　상　매　출　금	20,000
1/25	현　　　　　금	3,000	임　　　대　　　료	3,000
1/31	급　　　　　여	5,000	현　　　　　금	5,000

총계정원장

```
              현금              1          외상매출금            2
1/1  제  좌 100,000 | 1/3 비  품 30,000    1/10 제  좌 45,000 | 1/23 현  금 20,000
1/23 외상매출금 20,000 | 1/8 상  품 30,000
1/25 임 대 료  3,000 | 1/15 수도광열비 8,000            상품              3
                    | 1/20 제  좌 12,000    1/8 제  좌 50,000 | 1/10 외상매출금 30,000
                    | 1/31 급  여  5,000

              비품              4          외상매입금            5
1/3 현  금 30,000 |                                      | 1/8 상  품 20,000

            단기차입금           6            자본금              7
1/20 현  금 10,000 | 1/1 현  금 20,000                    | 1/1 현  금 80,000

           상품매출이익          8             임대료             9
                 | 1/10 외상매출금 15,000                | 1/25 현  금  3,000

            수도광열비          10            이자비용            11
1/15 현  금  8,000 |                    1/20 현  금 2,000 |

              급여             12
1/31 현  금  5,000 |
```

합계시산표

차변합계	원면	계정과목	대변합계
₩123,000	1	현　　　금	₩85,000
45,000	2	외 상 매 출 금	20,000
50,000	3	상　　　품	30,000
30,000	4	비　　　품	－
－	5	외 상 매 입 금	20,000
10,000	6	단 기 차 입 금	20,000
－	7	자　본　금	80,000
－	8	상품매출이익	15,000
－	9	임　대　료	3,000
8,000	10	수 도 광 열 비	－
2,000	11	이 자 비 용	－
5,000	12	급　　　여	－
₩273,000		합계	₩273,000

잔액시산표

차변잔액	원면	계정과목	대변잔액
₩38,000	1	현　　　금	
25,000	2	외 상 매 출 금	
20,000	3	상　　　품	
30,000	4	비　　　품	
	5	외 상 매 입 금	₩20,000
	6	단 기 차 입 금	10,000
	7	자　본　금	80,000
	8	상품매출이익	15,000
	9	임　대　료	3,000
8,000	10	수 도 광 열 비	
2,000	11	이 자 비 용	
5,000	12	급　　　여	
₩128,000		합계	₩128,000

손익a/c

수도광열비	₩8,000	상품매출이익	₩15,000
이 자 비 용	2,000	임　대　료	3,000
급　　　여	5,000		
자　본　금	3,000		
	₩18,000		₩18,000

이월시산표

현금및현금성자산	₩38,000	외상매입금	₩20,000
외상매출금	25,000	단기차입금	10,000
상　　　품	20,000	자　본　금	83,000
비　　　품	30,000		
	₩113,000		₩113,000

포괄손익계산서

수도광열비	₩8,000	상품매출이익	₩15,000
이 자 비 용	2,000	임　대　료	3,000
급　　　여	5,000		
당기순이익	3,000		
	₩18,000		₩18,000

재무상태표

현금및현금성자산	₩38,000	외상매입금	₩20,000
외상매출금	25,000	단기차입금	10,000
상　　　품	20,000	자　본　금	83,000
비　　　품	30,000	(당기순이익 3,000)	
	₩113,000		₩113,000

13 시산표의 차변금액이 대변금액보다 크게 나타나는 오류에 해당하는 것은?

제23회 기출

① 건물 취득에 대한 회계처리가 누락되었다.
② 차입금 상환에 대해 분개를 한 후, 차입금계정에는 전기를 하였으나 현금계정에는 전기를 누락하였다.
③ 현금을 대여하고 차변에는 현금으로 대변에는 대여금으로 동일한 금액을 기록하였다.
④ 미수금 회수에 대해 분개를 한 후, 미수금계정에는 전기를 하였으나 현금계정에는 전기를 누락하였다.
⑤ 토지 처분에 대한 회계처리를 중복해서 기록하였다.

> **해설** 총계정원장에 전기 시 어느 한쪽만 전기하였다면 대차가 불일치한다. 차입금 상환에 대해 분개를 한 후, 차입금계정에는 전기를 하였으나 현금계정에는 전기를 누락하였다면 대변의 금액이 적게 나타난다.

정답 ②

14 회계거래의 기록과 관련된 설명으로 옳지 않은 것은? 제19회 기출

① 분개란 복식부기의 원리를 이용하여 발생한 거래를 분개장에 기록하는 절차이다.
② 분개장의 거래기록을 총계정원장의 각 계정에 옮겨 적는 것을 전기라고 한다.
③ 보조 회계장부로는 분개장과 현금출납장이 있다.
④ 시산표의 차변합계액과 대변합계액이 일치하는 경우에도 계정기록의 오류가 존재할 수 있다.
⑤ 시산표는 총계정원장의 차변과 대변의 합계액 또는 잔액을 집계한 것이다.

> **해설** 회계장부에는 주요부와 보조부가 있다. 주요부에는 분개장과 총계정원장이 있으며, 보조부에는 보조기입장과 보조원장이 있다. 즉, 분개장은 주요부에 속한다.
>
> **정답** ③

15 수정전시산표에 관한 설명으로 옳지 않은 것은? 제20회 기출

① 통상 재무제표를 작성하기 이전에 거래가 오류 없이 작성되었는지 자기검증하기 위하여 작성한다.
② 총계정원장의 총액 혹은 잔액을 한곳에 모아 놓은 표이다.
③ 결산 이전의 오류를 검증하는 절차로 원장 및 분개장과 더불어 필수적으로 작성해야 한다.
④ 복식부기의 원리를 전제로 한다.
⑤ 차변합계와 대변합계가 일치하더라도 계정분류, 거래인식의 누락 등에서 오류가 발생했을 수 있다.

> **해설** 시산표는 총계정원장 기록을 요약하고 검증하는 일람표로서 필수적 장부[주요부(분개장, 총계정원장)처럼]로 분류되지 않으며, 결산보고서에 속하지 않기 때문에 결산 시 필수적으로 작성해야 하는 것은 아니다.
>
> **정답** ③

16 장부기입의 오류를 검증하기 위하여 작성하는 표는?

① 재고조사표
② 시산표
③ 이월시산표
④ 정산표
⑤ 은행계정조정표

> **해설** 대차평균의 원리에 의하여 각 계정의 오류를 검증하기 위해 작성되는 표를 시산표라 한다.
>
> **정답** ②

17 수정후시산표의 각 계정잔액이 존재한다고 가정할 경우, 장부마감 후 다음 회계연도 차변으로 이월되는 계정과목은? 제24회 기출

① 이자수익
② 자본금
③ 매출원가
④ 매입채무
⑤ 투자부동산

> **해설** 다음 회계연도 차변으로 이월되는 계정과목은 자산(투자부동산)계정이다. 수익과 비용은 차기로 이월되지 않는 계정이고, 부채와 자본은 잔액이 대변으로 이월된다.
>
> 정답 ⑤

18 다음 중 회계등식이 옳지 않은 것은?

① 자산 = 부채 + 자본
② 기말자산 + 총비용 = 기말부채 + 기말자본 + 총수익
③ 총비용 + 순이익 = 총수익
④ 기말자산 = 기말부채 + 기초자본 + 순이익
⑤ 기말자본 − 기초자본 = 순이익

> **해설** 시산표 등식은 '기말자산 + 총비용 = 기말부채 + 기초자본 + 총수익'이다.
>
> 정답 ②

19 결산에 관한 내용 중 옳지 않은 것은?

① 결산절차 중 정산표는 생략이 가능하다.
② 집합손익계정에서 당기순이익을 계산한다.
③ 이월시산표는 자산·부채·자본·수익·비용계정의 잔액을 모아 작성한다.
④ 원장의 장부잔액과 실제잔액이 일치하지 않을 경우에는 원장을 수정기입한다.
⑤ 자산·부채·자본계정의 잔액은 '차기이월'로 마감한다.

> **해설** 이월시산표는 자산·부채·자본계정의 잔액을 모아 작성한다.
>
> 정답 ③

20 결산 본절차에 관한 설명으로 옳지 않은 것은?

① 기타장부를 마감한다.
② 원장의 장부금액과 실제금액의 차이를 수정하여 일치시킨다.
③ 집합손익계정을 설정하고 수익과 비용계정을 마감한다.
④ 이월시산표를 작성한다.
⑤ 집합손익계정을 마감하여 순이익을 자본금계정에 대체한다.

> **해설** 원장의 장부금액과 실제금액을 수정하여 일치시키는 것은 결산예비절차이다.
>
> 정답 ②

21 한국채택국제회계기준에서 제시하고 있는 전체 재무제표에 해당하지 않는 것을 모두 고른 것은?

제27회 기출

> ㉠ 기말 재무상태표 　　　　　　　 ㉡ 경영진 재무검토보고서
> ㉢ 환경보고서 　　　　　　　　　　 ㉣ 기간 현금흐름표
> ㉤ 기간 손익과 기타포괄손익계산서 　㉥ 주석

① ㉠, ㉡　　　　　　　　　　　　② ㉡, ㉢
③ ㉢, ㉣　　　　　　　　　　　　④ ㉣, ㉤
⑤ ㉤, ㉥

해설 전체 재무제표에 해당하지 않는 것은 ㄴ. 경영진 재무검토보고서와 ㄷ. 환경보고서이다. 한국채택국제회계기준에서 정하는 전체 재무제표는 다음과 같다.
• 기말 재무상태표 　• 기간 손익과 기타포괄손익계산서
• 기간 자본변동표 　• 기간 현금흐름표
• 주석(유의적인 회계정책 및 그 밖의 설명으로 구성)

정답 ②

22 재무상태표에 나타나지 않는 계정은?

제23회 기출

① 자본금　　　　　　② 선급보험료　　　　　　③ 손실충당금
④ 이익준비금　　　　⑤ 임차료

해설 임차료는 비용계정으로 손익계산서 항목이다.

정답 ⑤

23 당기순이익을 감소시키는 거래가 아닌 것은?

제20회 기출

① 거래처 직원 접대 후 즉시 현금 지출
② 영업용 건물에 대한 감가상각비 인식
③ 판매사원용 피복 구입 후 즉시 배분
④ 영업부 직원에 대한 급여 미지급
⑤ 토지(유형자산)에 대한 취득세 지출

해설 토지의 취득세는 토지원가에 포함되기 때문에 당기순이익에 영향을 미치지 않는다.

정답 ⑤

24 (주)한국의 회계상 거래 중 비용이 발생하고 부채가 증가하는 거래는?

제26회 기출

① 전기에 토지를 처분하고 받지 못한 대금을 현금수취하였다.
② 화재로 인하여 자사 컴퓨터가 소실되었다.
③ 당해 연도 발생한 임차료를 지급하지 않았다.
④ 대여금에서 발생한 이자수익을 기말에 인식하였다.
⑤ 전기에 지급하지 못한 종업원 급여에 대하여 당좌수표를 발행하여 지급하였다.

> **해설** 당해 연도 발생한 임차료를 지급하지 않았다면 임차료비용이 발생하고 미지급임차료 부채가 증가한다.
>
> **정답** ③

중요 개념 확인하기!

❶ 손익거래는 수익 발생이나 비용 발생에 의하여 생기는 거래로서 항상 당기순이익에 영향을 주는 거래이다.　○ ｜ ✕

❷ 상품이 아닌 토지·건물 등을 구입하고, 대금을 약속어음으로 발행하여 지급하면 지급어음계정을 사용한다.　○ ｜ ✕

❸ 시산표의 차변합계액과 대변합계액이 일치하는 경우에는 계정기록의 오류가 존재하지 않는다.　○ ｜ ✕

❹ 시산표는 통상 재무제표를 작성하기 이전에 거래가 오류 없이 작성되었는지 자기검증하기 위하여 작성한다.　○ ｜ ✕

❺ 이월시산표는 자산·부채·자본·수익·비용계정의 잔액을 모아 작성한다.　○ ｜ ✕

❻ 자산·부채·자본계정의 잔액은 '차기이월'로 마감하고 수익과 비용계정은 집합손익계정으로 대체한다.　○ ｜ ✕

❼ 한국채택국제회계기준에서 규정한 전체 재무제표에는 주석을 포함하지 않는다.　○ ｜ ✕

❽ 결산 예비절차는 '시산표의 작성 → 재고조사표의 작성 → 정산표의 작성' 순으로 진행한다.　○ ｜ ✕

❾ 거래 내용을 분석하여 어느 계정에 얼마의 금액을 기입할지 과목별로 결정하여 기록하는 과정을 (　　　　　)(이)라고 하며, 분개한 것을 거래 발생순서에 따라 총계정원장에 옮겨 적는 것을 (　　　　　)(이)라고 한다.

❿ (　　　　　)(이)란 회계의 순환과정 중 모든 장부를 마감하는 마지막 과정으로, 장부를 검증하고 마감한 후 재무제표를 작성하는 절차를 갖는다.

---

① ○　② ✕ 상품이 아닌 토지·건물 등을 구입하고, 대금을 약속어음으로 발행하여 지급하면 미지급금계정을 사용한다.
③ ✕ 시산표의 차변합계액과 대변합계액이 일치하는 경우에도 계정기록의 오류가 존재할 수 있다.　④ ○
⑤ ✕ 이월시산표는 자산·부채·자본계정의 잔액을 모아 작성한다.　⑥ ○　⑦ ✕ 한국채택국제회계기준에서 규정한 전체 재무제표에는 재무상태표, 포괄손익계산서, 현금흐름표, 자본변동표, 주석을 포함한다.　⑧ ○　⑨ 분개, 전기　⑩ 결산

쉼은 멈춤이고,
쉼은 내려놓음이며,
쉼은 나눔입니다.

기계는 쉬지 않는 것이 능력이고
사람은 쉴 줄 아는 것이 능력입니다.

– 조정민, 『사람이 선물이다』, 두란노

SUBJECT 2

공동주택 시설개론

학습 전 체크!

❓ 어떻게 출제되나요?

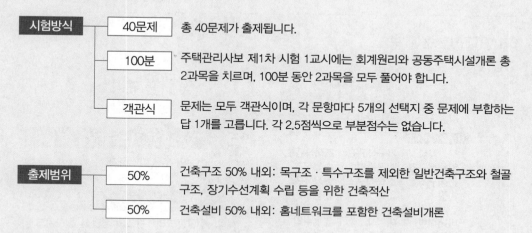

시험방식 ──┬── 40문제 ── 총 40문제가 출제됩니다.

├── 100분 ── 주택관리사보 제1차 시험 1교시에는 회계원리와 공동주택시설개론 총 2과목을 치르며, 100분 동안 2과목을 모두 풀어야 합니다.

└── 객관식 ── 문제는 모두 객관식이며, 각 문항마다 5개의 선택지 중 문제에 부합하는 답 1개를 고릅니다. 각 2.5점씩으로 부분점수는 없습니다.

출제범위 ──┬── 50% ── 건축구조 50% 내외: 목구조 · 특수구조를 제외한 일반건축구조와 철골구조, 장기수선계획 수립 등을 위한 건축적산

└── 50% ── 건축설비 50% 내외: 홈네트워크를 포함한 건축설비개론

❗ 이렇게 공부하세요!

건축구조는 뼈대를 이해하라!

건축구조에서는 건축물의 뼈대를 구성하는 큰 틀이 어떻게 이루어져 있는지, 그 뼈대를 받쳐주는 토질과 기초는 어떠한지에 대해 큰 그림을 그리며 이해해야 합니다.

건축설비는 계통별로 파악하자!

건축설비에서는 인간이 생활하기 위해 건축물에 급수, 난방, 배수 등의 설비를 어떻게 하는지 그 계통별로 파악할 수 있어야 합니다.

그림을 그려가며 공부하라!

전체적인 구조를 그림으로 그리면서 공부하는 것이 좋습니다.

01 건축구조

✅ 건축구조는 인체에 비유하면 뼈대를 다루는 단원으로, 인체의 골격을 이해하듯 구조물의 뼈대를 이해해야 합니다. 시설개론 40문제 중 20문제가 출제되는 단원이며, 건축물의 뼈대구조가 어떻게 되는지를 이해하고, 건물의 무게가 어떻게 전달되고 어떻게 그 힘을 견딜 수 있는지를 학습하시기 바랍니다.

CHAPTER 한눈에 보기

1 구조 분류와 특징

· 각종 구조의 종류 파악하기

🔍 용어 CHECK
· 구성양식 · 가구식구조 · 조적식구조
· 일체식구조 · 시공방법 · 습식구조
· 건식구조 · 조립식구조 · 현장식구조
· 인장 · 압축 · 연성
· 간사이 · 스팬 · 전단력
· 비내력벽 · 마감재 · 유효수압
· 응력도 · 변형률 면적

4 철골구조의 특징

· 철골구조의 장단점 파악하기

🔍 용어 CHECK
· 소성 · 좌굴 · 국부좌굴

6 창호

· 창호의 유형별 특징과 창호철물 파악하기

2 기초구조

· 기초의 분류 파악하기

3 철근콘크리트구조의 특징

· 철근콘크리트구조의 장단점, 철근콘크리트구조체의 성립조건 파악하기
· 철근 종류, 철근간격, 피복두께 이해하기
· 철근콘크리트구조의 뼈대 이해하기

5 조적구조

· 조적조의 장단점 파악하기
· 벽돌의 치수, 줄눈, 벽돌쌓기 시공 파악하기

🔍 용어 CHECK
· 인방보

7 견적과 적산

· 견적과 적산 비교하기, 견적의 종류 파악하기
· 재료의 단위중량 파악하기
· 정미량, 소요량, 할증률 이해하기

발문 미리보기

• 건축구조의 분류로 옳은 것은?

• 건축구조 형식에 관한 설명으로 옳지 않은 것은?

|POINT| 건축 뼈대에 어떤 유형이 있고, 그 특징이 무엇인지 물어보는 문제가 출제되며, 특히 구조 뼈대의 특징을 묻는 문제가 자주 출제됩니다. 따라서 건물을 이루는 뼈대의 특성을 잘 알아두어야 합니다.

1 구조 분류와 특징

1. 구조의 분류

구조를 종합적으로 분류하면 다음과 같다.

구분	종류
구성양식	• 가구식구조 • 조적식구조 • 일체식구조(라멘구조, 벽식 라멘구조 등)
시공방법	• 습식구조(일체식구조) • 건식구조 • 조립식구조 • 현장식구조

용어 보충　**구성양식**

구조물이 외력에 견딜 수 있도록 재료(부재)를 어떤 방식으로 조성했는지에 따라 구조를 구분하는 방법이다. 가구식구조, 조적식구조, 일체식구조 등이 있다.

• 가구식구조: 부재와 부재의 접합부위를 잇거나 맞춤을 하여 만든 하나의 구조로, 목구조가 대표적이다.

• 조적식구조: 벽돌이나 블록 등의 부재를 쌓아 올려서 만든 구조로, 벽돌구조, 블록구조, 돌구조 등이 대표적이다.

• 일체식구조: 부재와 부재를 하나의 부재처럼 일체화하는 방식의 구조로, 기둥이나 보와 같은 구조부재를 콘크리트(물, 시멘트, 모래, 자갈 등을 반죽한 것) 등으로 굳혀 하나의 부재처럼 만드는 원리이다.(습식구조)

용어 보충　**시공방법**

각 부재를 어떤 과정과 방법으로 만들었는지(시공)에 따라 구조를 구분하는 방법이다. 습식구조, 건식구조, 조립식구조, 현장식구조 등이 있다.

• 습식구조: 시공과정에서 물을 사용하는 구조를 말한다.

• 건식구조: 시공과정에서 물을 사용하지 않는 구조를 말한다.

• 조립식구조: 공장에서 생산한 후 현장에서 조립해 완성하는 구조를 말한다.

• 현장식구조: 현장에서 부재를 만들어 완성하는 것으로, 조립식구조와 반대되는 방식이다.

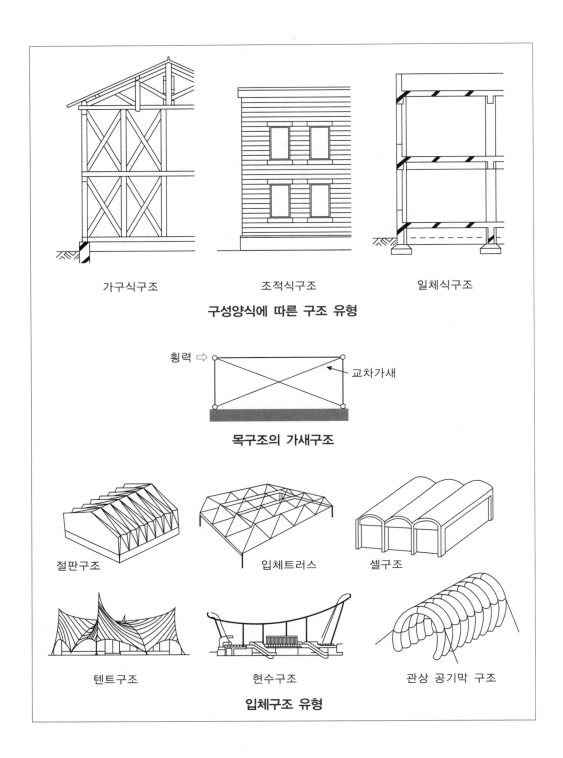

가구식구조   조적식구조   일체식구조

구성양식에 따른 구조 유형

횡력 ⇨   교차가새

목구조의 가새구조

절판구조   입체트러스   셀구조

텐트구조   현수구조   관상 공기막 구조

입체구조 유형

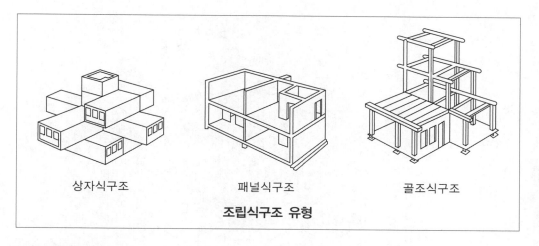

상자식구조	패널식구조	골조식구조

조립식구조 유형

이렇게 출제!

01 건물 구조 형식에 관한 설명으로 옳지 않은 것은? 제27회 기출

① 건식구조는 물을 사용하지 않는 구조로 일체식구조, 목구조 등이 있다.
② 막구조는 주로 막이 갖는 인장력으로 저항하는 구조이다.
③ 현수구조는 케이블의 인장력으로 하중을 지지하는 구조이다.
④ 벽식구조는 벽체와 슬래브에 의해 하중이 전달되는 구조이다.
⑤ 플랫 플레이트 슬래브는 보와 지판이 없는 구조이다.

해설 건식구조는 물을 사용하지 않는 구조로 목구조가 대표적이다. 반면 일체식구조는 물을 사용하는 습식구조로 이용된다.

정답 ①

2. 철근콘크리트구조

(1) 특징

① 복합재료로서 철근과 콘크리트를 이용한 구조이다.
② 콘크리트는 물, 시멘트, 모래, 자갈 등을 혼합하여 만든다.

(2) 구조적 부담

① 철근은 인장력을 부담한다.
② 콘크리트는 압축력을 부담한다.

용어 보충

• 인장: '인장'이란 외부의 힘을 받아 부재가 원래 길이보다 늘어나는 현상을 말하며, '인장력'은 이러한 외부의 힘을 말한다.
• 압축: '압축'이란 외부의 힘을 받아 부재가 원래 길이보다 줄어드는 현상을 말하며, '압축력'은 이러한 외부의 힘을 말한다.

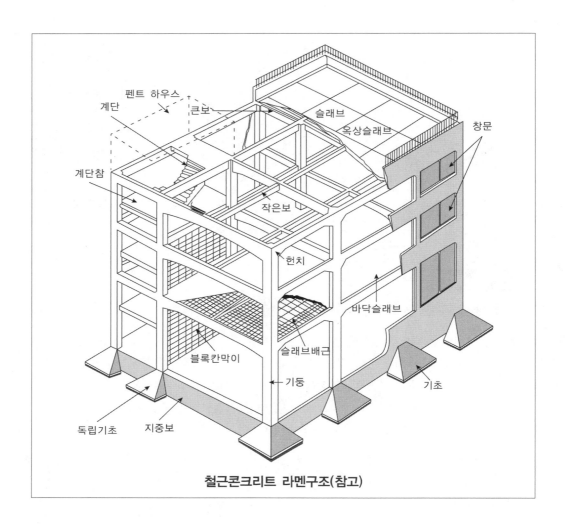

철근콘크리트 라멘구조(참고)

3. 철골구조(강구조)

(1) 재료

① 강재로 만든 구조를 지칭한다.

② 공장에서 부재를 만들어 현장에서 조립한다.

(2) 특징

① 철근콘크리트구조에 비해 가볍고, 유연성이 크며, 연성적 능력이 크다.

② 내진(지진에 견디는 것)구조에도 적용한다.

용어 보충	연성
용수철을 잡아당기면 늘어나고, 더 세게 잡아당기면 모양만 변하고 끊어지지는 않는다. 이러한 성질을 '연성'이라고 한다.	

4. 라멘구조

(1) 보통의 라멘구조

① 부재를 일체화된 구조로 만든 것을 라멘구조라고 한다.

② 부재절점(부재와 부재가 만나는 지점)을 강하게 고정하여 접합한 것이다.

③ 기둥과 보로 이루어진 골조가 건물의 하중을 지지한다.

(2) 벽식 라멘구조

보 없이 바닥과 벽체를 강하게 접합하는 일체식구조이다.

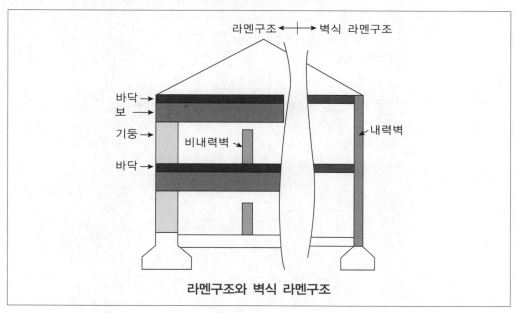

라멘구조와 벽식 라멘구조

02 건축물의 구조와 형식에 관한 설명으로 옳지 않은 것은? 제17회 수정

① 내력벽구조는 자중과 상부로부터 전달되는 연직(수직) 하중 및 수평방향의 하중을 벽체가 부담하도록 설계된 구조이다.

② 가구식구조는 가늘고 긴 부재를 접합하여 뼈대를 만드는 구조인데, 부재 접합부에 따라 구조강성이 결정된다.

③ 라멘구조는 기둥과 보를 특별하게 이동단으로 접합한 구조이다.

④ 조적식구조는 벽돌, 시멘트 블록 등을 접착재료로 쌓아 만든 구조로서 지진과 같은 횡력에는 불리한 구조이다.

⑤ 조립식구조는 부재를 규격화하여 미리 공장에서 생산 및 가공한 후 현장에서 조립하는 구조를 말한다.

해설 라멘구조는 기둥과 보를 고정단으로 접합한 구조이다.

정답 ③

5. 아치구조

개구부의 상부하중을 지지하기 위해 조적재를 곡선형으로 쌓은 것으로, 압축력만 작용되도록 한 구조이다. 아치돌 또는 아치벽돌을 쐐기형(이빨 빠진 모습처럼 한 면은 크고 반대 면은 작은 형상)으로 만든다.

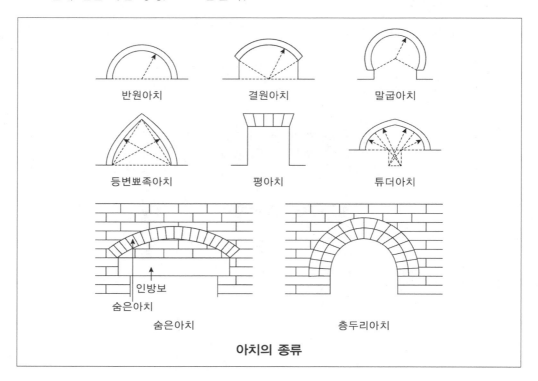

아치의 종류

6. 쉘 또는 셀(shell)구조

① 쉘(또는 셀, 이하 같은 의미)은 조개껍데기라는 뜻으로, 쉘(또는 셀)구조는 조개껍데기 단면에서 유래된 원통형 곡면의 형상을 지닌 구조이다.

시드니 오페라 하우스(셀구조)

② 곡면판이 지니는 역학적 성질을 이용하여 큰 간사이(장 스팬, 주요 기둥이나 내력벽 사이의 거리가 큰)의 넓은 공간을 덮는 지붕 등에 적용한다.

용어 보충	간사이(스팬, 경간)
간사이, 스팬, 경간은 서로 의미가 유사한 용어이다. 기둥과 기둥 간의 거리 또는 내력벽(힘을 받는 구조부재) 사이의 거리를 간사이, 스팬, 경간이라고 부른다.	

7. 트러스구조

(1) 특징

① 부재(部材)가 휘지 않게 접합점을 핀으로 연결한 골조구조이다.

② 곧은 강재(鋼材)나 목재('부재'라고 함)를 삼각형을 기본으로 한 그물 모양으로 짜서 하중을 지탱하는 구조방법이다.

③ 부재에 인장력 또는 압축력만 작용하게 하고, 전단력이나 모멘트는 발생하지 않도록 접합부를 핀으로 연결한 구조이다.

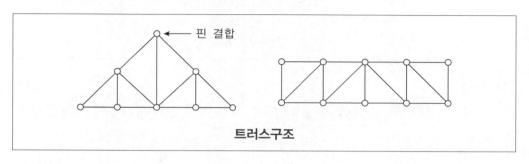

트러스구조

(2) 용도

체육관, 강당, 축사, 기차역사 등 장 스팬(긴 구조물)에 많이 사용된다.

이렇게 출제!

03 구조 형식에 관한 설명으로 옳지 않은 것은? 제26회 기출

① 조적조는 벽돌 등의 재료를 쌓는 구조로 벽식에 적합한 습식구조이다.
② 철근콘크리트 라멘구조는 일체식구조로 습식구조이다.
③ 트러스는 부재에 전단력이 작용하는 건식구조이다.
④ 플랫슬래브는 보가 없는 바닥판 구조이며 습식구조이다.
⑤ 현수구조는 케이블에 인장력이 작용하는 건식구조이다.

해설 트러스는 부재에 인장력 또는 압축력만 작용하게 한다. 트러스구조는 전단력이나 모멘트가 발생하지 않도록 핀으로 접합부를 연결한 구조이다.

정답 ③

---

8. 건축부재

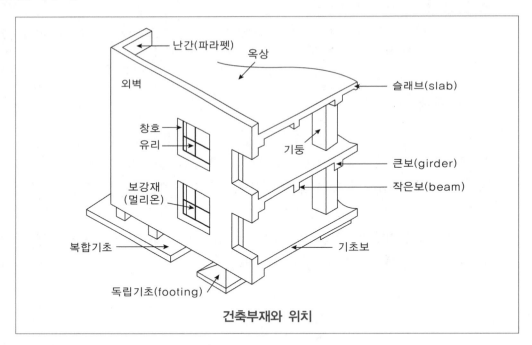

건축부재와 위치

(1) 기초

건물을 지탱하고, 건물을 지반에 안정시키기 위해 건물의 하부에 구축한 구조물을
말한다.

(2) 벽(wall)

벽은 두께에 직각으로 측정한 수평치수가 그 두께의 3배를 넘는 수직부재이다.

(3) 기둥(column)

상부의 하중을 지탱하는 수직재(垂直材)를 지칭하며, 높이가 최소단면치수의 3배 혹은 그 이상이다.

(4) 바닥(slab)

바닥에 걸리는 하중은 바닥 주위의 보에 분담되어 각 기둥으로 힘이 이동한다.

(5) 보(girder, beam)

① **큰보**(girder): 기둥과 기둥을 연결한다.

② **작은보**(beam): 큰보와 큰보를 연결한다.

③ **보의 헌치**: 전단력 보강 효과가 있으며, 보의 단부를 이루는 삼각부분이다.

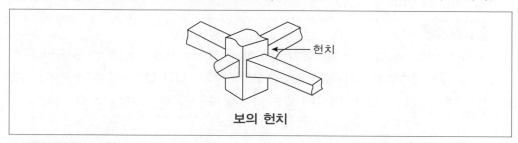

헌치

보의 헌치

용어 보충	전단력

'전단력'이란 부재 축과 직각으로 끊으려는 힘을 말한다. 예를 들어, 태권도에서 송판을 격파할 때 판재면과 직각 방향으로 힘을 가하는데, 이때의 힘이 전단력이다.

(6) 천장(天障, ceiling)

미화, 보온, 방음, 흡음 등을 위한 부분이다.

9. 건물의 안전성 확보

(1) 안전성

외력(각종 외력의 조합) ≤ 내력(부재가 견디는 힘)

(2) 하중의 종류

하중은 장기하중, 단기하중으로 구분할 수 있다.

하중의 종류	하중의 세분	내용
장기하중	고정하중	• 건물에 고정된 보나 기둥, 바닥 등의 무게 • 구조물에 고착된 비내력벽(마감재 포함) 및 설비하중
	활하중	사람이나 가구 등의 무게
단기하중	설하중	• 눈의 무게 • 평지붕, 경사지붕으로 구분 • 지역별로 100년간 가장 깊은('최심적설깊이'라고 함) 설하중
	풍하중	• 바람의 힘 • 풍하중은 유효수압면적과 비례 • 건축물의 형태에 영향을 받음
	지진하중	• 지진력, 건물의 무게 등 • 반응수정계수와 반비례
	충격하중 등	순간적인 충격 등

▶ 위 표는 대표적인 하중의 유형이고, 이외에도 온도하중, 운반설비 및 부속장치 하중, 기타 하중 등이 있다.

용어 보충

• 비내력벽: 힘을 받는 역할을 하지 않아 철거가 가능한 벽을 '비내력벽'이라고 한다.

• 마감재: 내력벽이나 비내력벽 등을 감싸 마감하는 벽지, 타일, 얇은 판재 따위의 재료를 말한다.

• 유효수압면적: 건물이 풍압력을 받는(풍, 받을 수) 부분의 유효한 벽면적을 말한다.

---

10. 구조물의 성질

(1) 응력도와 변형률

① 외력이 작용하는 구조부재 단면에 발생하는 단위면적당 힘의 크기를 응력도라 한다.

② 외력을 받아 변형한 물체가 그 외력을 제거하면 본래의 모양으로 되돌아가는 성질을 탄성이라 한다.

③ 외력을 받아 변형한 물체가 그 외력을 제거해도 본래 모양으로 되돌아가지 못하는 성질을 소성이라 한다.

④ 외력이 작용하는 구조부재의 응력도를 변형률로 나눈 값, 즉, 해당 그래프의 기울기를 탄성계수라고 한다. 탄성계수는 구조재료의 강성도(stiffness)를 나타내는 값이며, 응력도와 변형률의 비율이라고 정의하기도 한다.

용어 보충 응력도, 변형률

• 응력도를 응력, 변형률을 변형도라고 부르기도 한다.

---

(2) 재료의 성질

① 취성: 재료가 작은 변형에도 쉽게 파괴되는 성질을 말한다.

② 연성: 재료가 인장응력을 받아 파괴되기까지 현저하게 늘어날 수 있는 성질을 말한다.

③ 전성: 금속 재료를 두들기면 얇게 펴지는 성질을 말한다.

　　예 강재의 화학적 성질에서 탄소량이 증가하면 강도는 증가하나, 연성과 용접성은 감소한다.

회계원리

공동주택시설개론

민법

이렇게 출제!

04 하중과 변형에 관한 용어 설명으로 옳은 것은?　　　제26회

① 고정하중은 기계설비 하중을 포함하지 않는다.

② 외력이 작용하는 구조부재 단면에 발생하는 단위면적당 힘의 크기를 응력도라 한다.

③ 외력을 받아 변형한 물체가 그 외력을 제거하면 본래의 모양으로 되돌아가는 성질을 소성이라고 한다.

④ 등분포 활하중은 저감해서 사용하면 안된다.

⑤ 지진하중 계산을 위해 사용하는 밑면전단력은 구조물유효무게에 반비례한다.

해설 ① 고정하중이란 구조체와 이에 부착된 비내력 부분 및 각종 설비 등의 중량에 의하여 구조물의 존치기간 중 지속적으로 작용하는 연직하중을 말한다. 따라서 고정된 기계설비 하중도 고정하중에 포함된다.

③ 외력을 받아 변형한 물체가 그 외력을 제거하면 본래의 모양으로 되돌아가는 성질을 탄성이라 한다.

④ 지붕 활하중을 제외한 등분포 활하중은 부재의 영향면적이 $36m^2$ 이상인 경우 저감할 수 있다.

⑤ 밑면전단력은 구조물 유효무게에 비례한다.

정답 ②

---

2 기초구조

1. 기초구조와 지정

① **기초구조**: 기초판을 포함한 기초주각부를 기초구조라고 한다.

② **지정**: 기초판을 제외한 기초판 아래의 부분을 지정이라고 한다.

③ 철근콘크리트 기초의 기초판 크기(면적) 결정에 큰 영향을 미치는 것은 허용지내력이다.

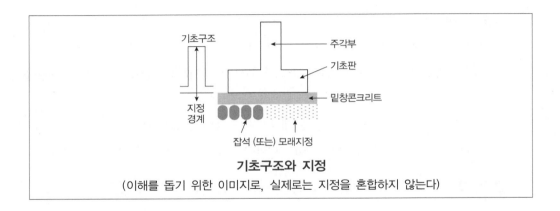

기초구조와 지정
(이해를 돕기 위한 이미지로, 실제로는 지정을 혼합하지 않는다)

2. 기초의 분류

(1) 기초 대분류

얕은기초	확대(독립), 복합, 단일(매트), 줄, 연속
깊은기초	말뚝, 케이슨(잠함)

① **얕은기초**: 기초 폭에 비하여 근입 깊이가 얕고 상부 구조물의 하중을 분산시켜 기초하부 지반에 직접 전달하는 기초이다.
② **깊은기초**: 기초의 지반 근입 깊이가 깊고 상부 구조물의 하중을 말뚝 등에 의해 깊은 지지층으로 전달하는 기초형식이다.

(2) 얕은기초

① **확대기초**: 상부 구조물의 기둥 또는 벽체를 지지하면서 그 하중을 말뚝이나 지반에 전달하는 기초형식이다.
② **복합기초**: 두 개 이상의 기둥으로부터의 하중을 하나의 기초판을 통하여 지반으로 전달하는 구조체이다.
③ **전면기초**: 상부 구조물의 여러 개의 기둥 또는 내력벽체를 하나의 넓은 슬래브로 지지하는 기초형식(종전 매트기초 또는 온통기초)이다.
④ **줄기초**: 벽체를 지중으로 연장한 기초로서 길이 방향으로 긴 기초이다.
⑤ **연속기초**: 벽 아래를 따라 또는 일련의 기둥을 묶어 띠모양으로 설치하는 기초의 저판에 의하여 상부 구조로부터 받는 하중을 지반에 전달하는 형식의 기초이다.

(3) 깊은기초

① **깊은기초**: 기초가 지지하는 구조물의 저면으로부터 구조물을 지지하는 지지층까지의 깊이가 기초의 최소폭에 비하여 비교적 크고 깊은 기초형식인 말뚝기초, 케이슨기초 등을 말한다.

② **케이슨기초**: 지상에서 제작하거나 지반을 굴착하고 원위치에서 제작한 콘크리트통에 속채움을 하는 깊은기초 형식을 말한다.

3 철근콘크리트구조의 특징

1. 철근콘크리트구조의 장점

① 철근과 콘크리트가 일체가 되어 내구적, 내진적이다.
② 철근이 콘크리트에 의해 피복되므로 내화적이며 내식성이 있다.
③ 재료의 공급이 용이하여 경제적이다.
④ 목조나 철골구조에 비해 유지비가 적다.
⑤ 부재의 형상과 치수가 자유롭다.

용어 보충

• 내구적: 구조물의 수명이 길게 유지되는 성질이 있는 것
• 내진적: 지진에 잘 저항할 수 있는 구조로 된 것
• 피복: 철근은 외기에 노출되면 부식이 발생하기 때문에 철근 주변을 콘크리트로 감싸서 보호하게 되는데, 이것을 '피복'이라 한다.
• 내화적: 화재에 잘 견딜 수 있는 성질이 있는 것
• 내식성: 부식을 잘 견디는 성질. 콘크리트는 시멘트와 물이 수화반응하게 되면 알칼리성이 되어 철근의 부식을 방지할 수 있다.

---

2. 철근콘크리트구조의 단점

① 자중이 크므로 스팬이 큰 구조나 초고층 건물에 불리하다.
② 부재의 단면과 중량이 철골조에 비해 크다.
③ 습식구조이므로 겨울철 동절기 시공이 어렵다.
④ 재료의 재사용 및 해체작업이 쉽지 않다.
⑤ 공사기간이 길고, 외기조건에 영향을 받기 때문에 균질한 시공이 어렵다.

3. 철근콘크리트구조체의 성립조건

(1) 구조하중분담

중립축 상부의 압축력(compression)은 콘크리트가 부담하고, 중립축 하부의 인장
력(tension)은 철근이 부담한다.

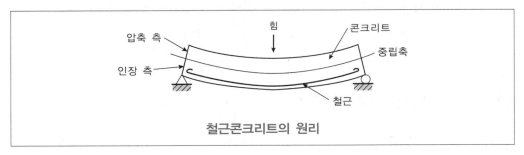

철근콘크리트의 원리

(2) 부착능력

철근과 콘크리트 간의 부착능력은 우수하다. 다만, 부착력의 크기는 철근의 형상,
철근의 지름 등에 영향을 받는다. 콘크리트 강도는 부착력에 영향을 주지만, 철근의
항복강도는 영향을 주지 않는다.

㉠ 부착력의 크기

- 이형철근(마디가 있는 철근) > 원형철근(표면이 매끄러운 철근)
- (철근량이 동일한 경우) 가는 철근 다수 > 굵은 철근 1개

> **참고** **부착력**
>
> '부착력'이란 서로 다른 물질이 상호 잡아주는 힘을 말한다. 그렇다면 철근과 콘크리트 사이의
> 부착력은 무엇일까? 여러분이 볼펜을 잡고 있는데 누군가가 볼펜을 잡아당기면(외력) 여러분
> 은 손에 힘을 주어 볼펜을 꽉 움켜잡을 것이다. 그러면 손과 볼펜 표면 사이에는 강한 부착력
> 이 발생해서 외력에 저항하게 된다. 여기서 손을 '콘크리트'라고 생각하고 볼펜을 '철근'이라고
> 생각해 보자.
> 1. 콘크리트의 강도가 크면 부착력도 커진다.
> 2. 볼펜의 표면이 매끄러운 것보다는 거친 것이 부착력이 좋은 것처럼, 철근도 매끄러운 원형
>   철근보다는 마디가 있는 이형철근이 부착력이 좋을 것이다. 즉, 이형철근은 콘크리트와의
>   부착강도를 높인다.
> 3. 콘크리트 표면과 철근 표면이 많이 접촉하기 위해서는 철근의 표면적이 커야 한다. 그러므
>   로 철근량이 동일한 경우라면 가는 철근을 다수 사용하는 것이 굵은 철근 1개를 사용하는
>   것보다 철근의 둘레길이가 커져서 부착력도 증가하게 된다.

(3) 선(열)팽창계수

콘크리트와 철근은 온도에 대한 선(열)팽창계수가 거의 유사하다.

(4) 방화성능, 부식방지

콘크리트는 강알칼리성으로 철근의 부식을 방지하며, 콘크리트가 철근을 피복함으로써 철근이 열에 견딜 수 있도록 한다.

(5) 콘크리트의 강도

압축강도 > 휨(압축강도의 약 1/6) > 인장강도(압축강도의 약 1/10)

이렇게 출제!

05 철근콘크리트구조에 관한 설명으로 옳지 않은 것은? 제22회 수정

① 콘크리트와 철근은 온도에 의한 선팽창계수가 비슷하여 일체화로 거동한다.
② 알칼리성인 콘크리트를 사용하여 철근의 부식을 방지한다.
③ 이형철근이 원형철근보다 콘크리트와의 부착강도가 크다.
④ 철근량이 같을 경우, 굵은 철근을 사용하는 것이 가는 철근을 사용하는 것보다 콘크리트와의 부착에 유리하다.
⑤ 수축 또는 온도변화에 의하여 콘크리트에 발생하는 균열을 방지하기 위해 사용되는 철근을 수축·온도철근이라 한다.

해설 철근량이 같을 경우, 가는 철근을 다수 사용하는 것이 굵은 철근을 사용하는 것보다 콘크리트와의 부착에 유리하다.

정답 ④

4. 철근의 종류

(1) 원형철근(round steel bar)

마디가 없는 철근으로, 부착력이 작다.

(2) 이형철근(deformed steel bar)

① **표시기호:** D(예 D13, D19 등)

② 이형철근은 콘크리트와의 부착 강도를 높일 수 있는 장점이 있다(원형철근보다 부착력이 증가함).

용어 보충	이형철근

콘크리트와의 부착을 위하여 표면에 리브와 마디 등의 돌기가 있는 봉강으로서 KS D 3504에 규정되어 있는 철근 또는 이와 동등한 품질과 형상을 가지는 철근이다. 'D13'의 'D'는 이형철근을 의미하고, '13'은 호칭지름이 13mm, 공칭지름이 12.7mm임을 의미한다. 여기서 공칭지름은 돌기가 있는 이형철근을 가상의 원형철근처럼 제작할 때의 지름이다.

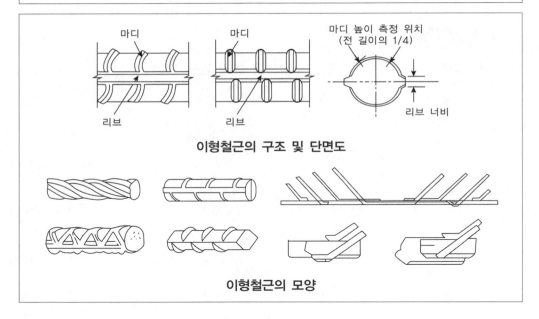

이형철근의 구조 및 단면도

이형철근의 모양

(3) 고장력(고력) 철근(high tensile bar)

① **표시기호:** HD(예 HD13: 고장력강 호칭지름이 13mm인 이형철근)

② 인장력이 큰 고강도 철근으로, 이 철근을 사용하면 보통 철근콘크리트보다 훨씬 큰 강도의 철근콘크리트를 생산할 수 있다.

(4) 철근의 강도

① 철근의 인장응력(도)과 변형률의 관계를 그래프로 표현한다.

② 그래프의 항복상태에 해당하는 응력 값을 항복강도라고 한다.

③ 그래프의 최고 응력상태에 해당하는 응력 값을 인장강도라고 부른다.

④ SD400 철근은 이형철근으로서 항복강도 400N/mm²이다.

회계원리

공동주택 시설개론

민법

이렇게 출제!

06 철근 및 철근 배근에 관한 설명으로 옳은 것은?   제26회

① 전단철근이 배근된 보의 피복두께는 보 표면에서 주근 표면까지의 거리이다.

② SD400 철근은 항복강도 400N/mm²인 원형철근이다.

③ 나선기둥의 주근은 최소 4개로 한다.

④ 1방향 슬래브의 배력철근은 단변방향으로 배근한다.

⑤ 슬래브 주근은 배력철근보다 바깥쪽에 배근한다.

> **해설** ① 보 표면에서 전단철근 표면까지 거리가 피복두께이다.
> ② SD400 철근은 항복강도 400N/mm²인 이형철근이다.
> ③ 나선철근 기둥의 주근은 6개 이상이어야 한다.
> ④ 1방향 슬래브 배력철근은 장변방향 배근을 말한다.

정답 ⑤

---

5. 철근간격(순간격, 중심간격)

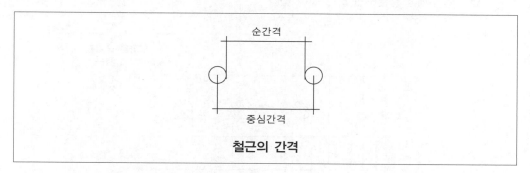

철근의 간격

(1) 철근의 부재별 순간격 규정 배경

철근 사이에 굵은 골재가 빠져 나가게 하기 위하여 순간격을 규정한다. 이를 골재의 유동성 확보라고 한다.

(2) 중심간격 규정

① 철근 중심과 철근 중심 간의 거리를 말한다.

② 바닥(slab), 벽 철근은 최대 중심간격으로 제한한다.

6. 피복두께

(1) 의의

'피복두께'란 콘크리트의 각 표면에서 가장 가까이 있는 철근 표면까지의 두께(mm)를 말한다.

(2) 피복두께의 확보 목적

① 내구성(철근의 방청)

② 내화성

③ 부착력 확보

④ 내식성 확보

용어 보충	내구성

'내구성'은 구조물의 성능 저하에 대한 저항성으로, 소요의 공용기간 중 요구되는 성능과 수준을 지속시킬 수 있는 정도라고 공학적으로 정의할 수 있다. 더 쉽게 풀이한다면 구조물이 오랜 수명을 유지할 수 있는 구조적 성능을 의미한다고 보면 된다.

용어 보충	내화성

'내화성'이란 내화성능이라고도 불리며, 불에 타지 않고 잘 견디는 성질을 말한다. 피복두께를 확보하면 열의 전도를 지연시킬 수 있는데, 여기서 '열의 전도'라는 것은 물질을 통해 고온에서 저온으로 열이 이동하는 것을 말한다. 화재가 나면 콘크리트 표면이 가장 먼저 열을 받게 되고, 서서히 내부로 열 이동이 생긴다. 이때 열이 철근 표면까지 도달하는 시간을 지연시키려면 피복두께를 충분하게 하는 것이 좋다.

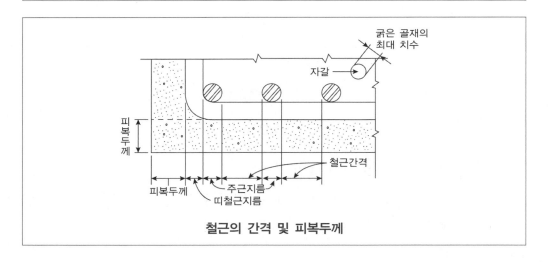

철근의 간격 및 피복두께

7. 철근콘크리트구조의 뼈대 이해

(1) 철근의 표현

다음 그림은 철근콘크리트구조의 철근 배치에 대한 이해를 위한 것이다. 기둥의 주근, 보의 주근과 이를 감싸는 늑근, 띠근(또는 띠철근)이 있다.

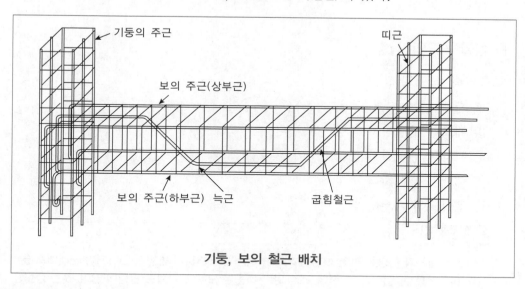

기둥, 보의 철근 배치

(2) 철근의 역할

① 보의 늑근 간격은 중앙부보다 단부에 좁게 배근하므로 철근도 많아지게 된다.
② 전단 균열은 사인장 균열 형태로 나타난다.
③ 양단 고정단 보의 단부 주근은 상부에 배근한다.
④ 보의 주근은 휨균열 발생을 억제하기 위해 배근한다.
⑤ 휨균열은 보 중앙부에서 수직에 가까운 형태로 발생한다.

이렇게 출제!

07 철근콘크리트 보의 균열 및 배근에 관한 설명으로 옳지 않은 것은?

제26회 기출

① 늑근은 단부보다 중앙부에 많이 배근한다.
② 전단 균열은 사인장 균열 형태로 나타난다.
③ 양단 고정단 보의 단부 주근은 상부에 배근한다.
④ 주근은 휨균열 발생을 억제하기 위해 배근한다.
⑤ 휨균열은 보 중앙부에서 수직에 가까운 형태로 발생한다.

해설 늑근의 철근 간격은 중앙부보다 단부에 좁게 배근한다. 즉, 중앙부보다 단부에 더 많이 배근한다.

정답 ①

4 철골구조의 특징

강재료를 이용해 뼈대를 구성한 것을 철골구조 또는 강구조라고 한다. 철골구조(강구조)는 공장에서 부재를 만들어 현장에서 접합하게 된다. 이에 따라 다음과 같은 특징이 있다.

1. 철골구조의 장점

① 고강도이다.
② 소성변형능력이 크다.
③ 재료가 균질하고 중량이 가볍다.
④ 시공이 편리하고 공사기간이 짧다.
⑤ 해체가 용이하다.
⑥ 재사용이 가능하다.

용어 보충	소성

탄성은 물체가 하중을 받아 변형이 되다가 하중을 제거하면 변형이 없어지며 원래대로 돌아가려 하는 성질을 말한다. 그런데 '소성'이란 하중을 모두 제거해도 변형이 남아 있는 성질을 말한다.

2. 철골구조의 단점

① 열에 취약하다.
② 내화피복이 필요하다.
③ 좌굴, 국부좌굴(압축) 발생의 우려가 있다.
④ 피로에 의한 강도저하가 극심하다.
⑤ 관리비 증대 우려가 있다.

용어 보충

• 좌굴과 국부좌굴: 철골구조의 부재는 얇고 긴 형상이 많다. 이렇게 얇고 긴 형상의 부재를 '세장한 부재'라고 한다. 세장한 부재에 압축력이 가해지면 부재가 휘어지게 되는데, 이를 '좌굴'이라 한다. 그리고 더 얇고 긴 부재에 힘을 가하면 전체적으로 휘는 것이 아니라 부분적으로 주름이 발생하는데, 이를 '국부좌굴'이라 한다.

• 피로: 반복하중에 의해 자기가 견딜 수 있는 고유한 강도보다 낮은 강도에서 파단이나 변형이 심해지는 현상을 말한다. 얇은 철사를 잡아당겨 끊는 것은 어려워도 반복적으로 힘을 가하면 열이 나면서 끊어지게 되는 것처럼, 강재료는 반복하중을 받으면 피로에 의해 극심한 강도저하가 발생하게 된다.

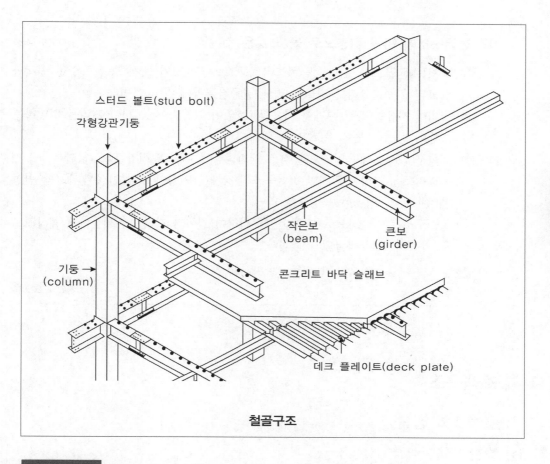

스터드 볼트(stud bolt)

각형강관기둥

작은보
(beam)

큰보
(girder)

기둥
(column)

콘크리트 바닥 슬래브

데크 플레이트(deck plate)

철골구조

이렇게 출제!

08 철골구조의 장점 및 단점에 관한 설명으로 옳지 않은 것은? 제22회 기출

① 강재는 재질이 균등하며, 강도가 커서 철근콘크리트에 비해 건물의 중량이 가볍다.

② 장경간 구조물이나 고층 건축물을 축조할 수 있다.

③ 시공정밀도가 요구되어 공사기간이 철근콘크리트에 비해 길다.

④ 고열에 약해 내화설계에 의한 내화피복을 해야 한다.

⑤ 압축력에 대해 좌굴하기 쉽다.

해설 철골구조는 공사기간이 철근콘크리트구조에 비해 짧다.

정답 ③

09 철골구조에 관한 설명으로 옳지 않은 것은? 제17회 수정

① 강재는 균질도가 높고 철근콘크리트구조보다 강도가 커서 보통 동일한 면적과 규모의 철근콘크리트 건물에 비해 철골건물의 중량이 가볍다.

② 공법이 자유롭고 큰 부재를 사용할 수 있어 기둥과 기둥 사이 거리를 의미하는 스팬이 큰 구조물을 축조할 수 있다.

③ 내화구조로 설계 및 시공할 경우 내화피복에 대한 대비가 필요 없다.

④ 콘크리트는 인성이 작지만 철골구조의 강재는 인성이 크다(인성은 재료가 변형에 견디는 변형에너지 정도를 의미).

⑤ 철골구조는 일반적으로 부재단면에 비하여 길이가 길어, 즉 세장하게 제작되므로 압축에 의해 좌굴되기가 쉽다.

> **해설** 철골구조는 내화피복에 대한 대비가 필요하다.

> **정답** ③

5 조적구조

1. 조적조의 장단점

(1) 장점

① 내구적(수명이 오래감)·내화적(화재에 견딤)이다.

② 추위와 더위 같은 외부환경 변화에 유리하다.

③ 외관이 장중하다.

④ 구조 및 시공이 용이하다.

(2) 단점

① 벽체에 습기가 차기 쉽다.

② 습기 방지를 위해 공간쌓기를 해야 한다.

③ 횡력(옆으로 미는 힘)에 약하여 대규모 건물에 부적합하다.

④ 벽 두께가 두꺼워져 실내 유효면적이 감소한다.

⑤ 건물자체 무게가 크다.

'공간쌓기'란 벽돌로 벽체를 쌓을 때 벽돌과 벽돌 사이에 공간을 두는 것이다. 벽돌 사이를 비워놓는 방식이 필요한 이유 중 하나는 방습, 즉 습기를 방지하기 위함이다. 벽돌은 재료 특성상 물을 흡수하게 되는데, 비가 오거나 습도가 높은 경우 벽돌을 통해 실내로 물이 들어온다면 곤란한 상황이 생길 것이다. 그래서 고안한 방법이 벽돌을 쌓을 때 외부 벽돌과 내부 벽돌 사이에 공간을 두고 쌓는 방식이다. 이 공간을 통해 물이 실내로 들어올 수 있는 통로를 차단하는 것이 공간쌓기의 원리이다. 그런데 공간쌓기를 하면 벽체의 두께가 두꺼워지게 되면서 내부 공간이 좁아진다. 그래서 실내 유효면적이 감소한다는 단점이 수반된다.

2. 벽돌의 치수

① 보통벽돌의 치수는 190mm × 90mm × 57mm이다.
② 벽돌은 다듬질을 하지 않은 온장이 있고, 마름질(벽돌 가공)을 하면 토막 또는 반절 등으로 부른다.

벽돌을 생산된 그대로 사용한 것을 '온장'이라 하고, 벽돌을 토막을 내는 것을 '마름질'이라 한다. 온장만을 사용해도 될 것 같은데 왜 마름질을 해야 할까?
벽돌을 쌓다 보면 창문도 만들어야 하고 문도 만들어야 한다. 그런데 건축치수가 벽돌치수와 완벽하게 일치하지는 않기 때문에 일부 치수를 맞추기 위해 벽돌을 가공해야 하는 것이다.
한편, 벽돌을 쌓는 중 힘을 받는 내력벽을 쌓을 때는 수직줄눈(세로줄눈)의 위와 아래가 통하지 않고 서로 막히는 막힌줄눈을 해야 한다. 온장을 그냥 쌓아 올리면 세로줄눈의 위와 아래가 일치하는 통줄눈이 되고, 통줄눈이 되면 하중이 분산되지 않아 균열이 심하게 생길 수 있다. 막힌줄눈을 만들기 위해서는 토막벽돌을 중간중간 끼워 넣어야 위아래의 수직줄눈이 통하지 않는다. 따라서 벽돌은 온장뿐 아니라 마름질한 벽돌도 필요한 것이다.

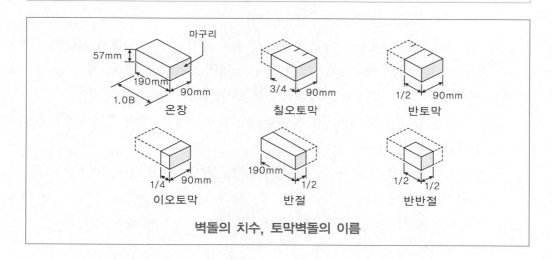

벽돌의 치수, 토막벽돌의 이름

3. 벽돌의 줄눈

① 내력벽 쌓기는 막힌줄눈(수직줄눈이 막힌 것)으로 한다.

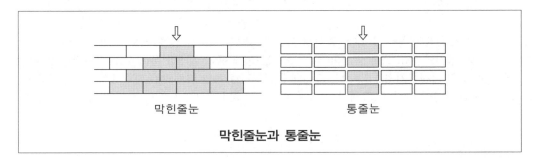

막힌줄눈과 통줄눈

② 줄눈의 너비, 즉 모르타르의 두께는 가로, 세로 10mm를 표준으로 한다(가로 및 세로줄눈의 너비는 도면 또는 공사시방서에서 정한 바가 없을 때에는 10mm를 표준으로 함).

③ 벽돌벽면을 치장으로 할 때 바르는 줄눈을 치장줄눈이라고 한다.

④ 치장줄눈을 바를 경우에는 줄눈 모르타르가 굳기 전에 줄눈파기를 한다.

⑤ 치장줄눈의 깊이는 6mm로 하고, 그 의장은 공사시방에 따른다.

⑥ 내화벽돌의 경우 줄눈의 두께는 특기 시방에 따르거나 6mm를 표준으로 한다.

4. 벽돌쌓기 시공

① 하루의 쌓기높이는 1.2m(18켜 정도)를 표준으로 하고, 최대 1.5m(22켜 정도) 이하로 한다.

② 공간쌓기는 벽돌벽의 중간에 공간을 두어 쌓는 방식이다. 공간 너비(공간폭)는 통상 50~70mm(단열재 두께 + 10mm) 정도로 한다.

③ 아치쌓기는 상부하중이 아치의 축선을 따라 압축력으로 하부에 전달되게 쌓는 방식이다. 조적조에서 문꼴 너비가 1m 이하일 때는 평아치로 할 수 있다.

④ 조적조의 2층 건물에서 2층 내력벽의 높이는 4m 이하이다.

⑤ 인방보는 양 끝을 벽체의 블록에 200mm 이상 걸치고, 또한 위에서 오는 하중을 전달할 충분한 길이로 한다.

⑥ 인방보는 좌우의 벽체가 공간쌓기일 때에는 콘크리트가 그 공간에 떨어지지 않도록 벽돌 또는 철판 등으로 막고 설치한다.

⑦ 엇모쌓기는 벽돌을 45° 각도로 모서리가 면에 나오도록 쌓는 방식이다.

⑧ 영롱쌓기는 벽돌벽에 구멍을 내어 쌓는 방식이다.

⑨ 내쌓기는 장선 및 마루 등을 받치기 위해 벽돌을 벽면에서 내밀어 쌓는 방식이다.

용어 보충	인방보

'인방보'는 창문틀 위에 설치하여 상부에서 오는 하중을 좌우 벽으로 전달하는 부재를 말한다.

이렇게 출제!

10 치장을 목적으로 벽면에 구멍을 규칙적으로 만들어 쌓는 벽돌쌓기 방법은?

제26회 기출

① 공간쌓기
② 영롱쌓기
③ 내화쌓기
④ 불식쌓기
⑤ 영식쌓기

해설 영롱쌓기는 벽돌벽에 구멍을 내어 쌓는 방식이다.

정답 ②

11 콘크리트(시멘트) 벽돌을 사용하는 조적공사에 관한 설명으로 옳은 것은?

제26회 기출

① 하루의 쌓기높이는 1.2m(18켜 정도)를 표준으로 하고, 최대 1.5m(22켜 정도) 이하로 한다.
② 표준형 벽돌 크기는 210mm × 100mm × 60mm이다.
③ 내력 조적벽은 통줄눈으로 시공한다.
④ 치장줄눈 파기는 줄눈 모르타르가 경화한 후 실시한다.
⑤ 줄눈의 표준 너비는 15mm로 한다.

해설 ② 표준형 벽돌 크기는 190mm × 90mm × 57mm이다.
③ 내력 조적벽은 막힌줄눈으로 시공한다.
④ 치장줄눈 파기는 줄눈 모르타르가 경화하기 전 실시한다.
⑤ 줄눈의 표준 너비는 10mm이다.

정답 ①

---

5. 블록쌓기 유의사항

(1) 유의사항

① 블록의 1일 쌓기높이는 1.2m(6켜)~1.5m(7켜)로 한다.
② 1일 쌓기 표준높이는 1.5m 이내로 한다.

(2) 줄눈

① 줄눈은 10mm가 표준이며, 줄 바르게 하고 모르타르가 빈틈없이 채워져서 접착이 잘 되도록 한다.

② 막힌줄눈을 원칙으로 한다(단, 보강블록은 통줄눈이 원칙).

(3) 규격(KS)

형상	치수(mm)			허용치
	길이(L)	높이(H)	두께(T)	길이, 높이, 두께
기본형 블록 (BI형)	390	190	190 150 100	±2

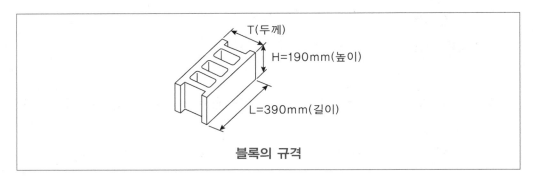

블록의 규격

이렇게 출제!

12 건축공사표준시방서상 조적공사에 관한 설명으로 옳지 않은 것은?

제19회 기출

① 콘크리트(시멘트) 벽돌쌓기 시 하루의 쌓기높이는 1.2m를 표준으로 하고, 최대 1.5m 이하로 한다.

② 인방보는 양 끝을 벽체에 200mm 이상 걸치고 또한 위에서 오는 하중을 전달할 충분한 길이로 한다.

③ 콘크리트 블록제품의 길이, 두께 및 높이의 치수 허용치는 ±2mm이다.

④ 콘크리트 블록을 쌓을 때, 살두께가 큰 편이 위로 가게 쌓는다.

⑤ 콘크리트 블록을 쌓을 때, 하루의 쌓기높이는 1.8m 이내를 표준으로 한다.

해설 콘크리트 블록을 쌓을 때, 하루의 쌓기높이는 1.5m 이내를 표준으로 한다.

정답 ⑤

---

6 창호

1. 창호 유형별 특징

① **여닫이 창호**: 창호의 한쪽에 경첩 등을 선틀 또는 기둥에 달아 한쪽으로 여닫게 한 것이다(예 공동주택의 방, 화장실의 문).

② **미닫이 창호**: 창호받이 재료에 홈을 한 줄 파거나 레일을 붙여 문을 이중벽 속 등에 밀어넣는 것이다(예 지하철 승강장의 안전문).

③ **미세기**(또는 미서기) **창호**: 창틀 안에서 창호에 호차를 달고 창틀의 레일 위를 이동하는 것으로, 창호가 창틀 밖으로 이동할 수 없고 완전 개폐가 불가능하다 (예 학교 교실의 창호). 미세기 창호를 잠그는 철물을 크레센트라고 한다.

④ **자재문**: 안과 밖으로 열고 닫을 수 있게 하는 문을 말한다.

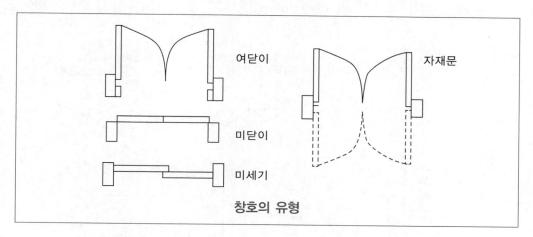

여닫이
자재문
미닫이
미세기

창호의 유형

2. 창호철물

(1) 경첩류

① **경첩**(힌지, hinge): 여닫이 문짝을 문틀에 달아 여닫는 축이 되는 창호철물이다. 경첩의 축이 되는 것은 핀(pin)이고, 핀을 보호하기 위해 둘러감은 것은 너클 (knuckle)이다.

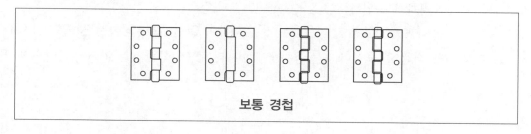

보통 경첩

② **플로어힌지**(바닥지도리, floor hinge): 자재여닫이문 등 중량문에 설치한다.

③ **피봇힌지**(지도리경첩, pivot hinge): 문틀 상하에 고정 지도리를 달고 문틀에 회전 지도리를 달아 맨다.

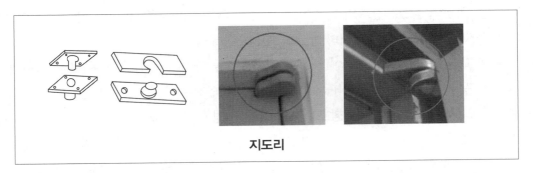

지도리

④ **레버토리힌지**(lavatory hinge): 공중화장실 및 공중전화 박스의 출입문에 사용되는 철물이다. 저절로 닫히지만 10~15cm 정도 열려 있도록 만든 철물이다.

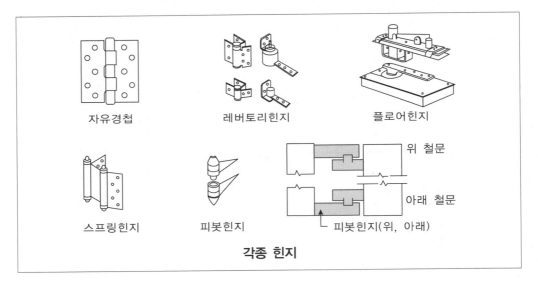

각종 힌지

(2) 개폐조정기 등

① **도어체크**(door check): 문과 문틀(여닫이)에 설치하여 문을 열면 저절로 닫히게 하는 창호철물이다. 피스톤 장치가 있어 개폐 속도를 조절할 수 있다(⑩ 공동주택에서 세대에 출입하는 철문 상부에 달려 저절로 닫히게 하는 철물).

② **도어홀더**(door holder): 문 하부에 부착하여 열린 문이 닫히지 않도록 지지하는 역할을 하는 철물이다(⑩ 공동주택에서 세대에 출입하는 철문 아래에 달려 지지하는 철물).

③ **도어스톱**(door stop): 열린 문을 받아 벽을 보호하는 철물이다(예 안방이나 화장실 여닫이문 상부에 볼펜처럼 생긴 것이 설치되어 벽과 충돌 시 충격을 완화하고 보호하는 철물).

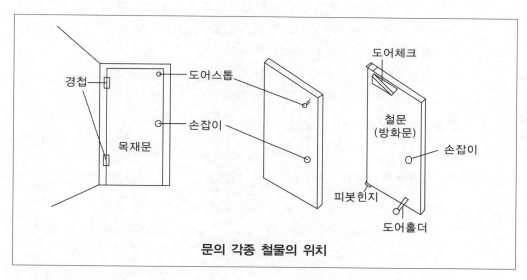

문의 각종 철물의 위치

(3) **크레센트**(crescent)

오르내리창, 미세기창을 잠그는 데 쓰인다.

(4) **나이트 래치**(night latch)

외부에서는 열쇠로, 내부에서는 작은 손잡이를 돌려서 열 수 있는 창호철물이다.

(5) **멀리온**(mullion)

창 면적이 클 때, 스틸바(steel bar)만으로는 부족하여 이를 보강하기 위해 강판을 중공형으로 접어 가로 또는 세로로 대는 것이다.

▶▶ **창호 유형에 따른 철물 구분**

유형	종류
여닫이 유형 철물	• 경첩, 피봇힌지 등 • 도어클로저(도어체크)
미닫이, 미세기 유형 철물	• 레일 • 호차(바퀴) • 도어행거

13 창호 및 부속철물에 관한 설명으로 옳지 않은 것은?　제27회 기출

① 풍소란은 마중대와 여밈대가 서로 접하는 부분에 방풍 등의 목적으로 사용한다.
② 레버토리 힌지는 문이 저절로 닫히지만 15cm 정도 열려있도록 하는 철물이다.
③ 주름문은 도난방지 등의 방범목적으로 사용된다.
④ 피봇힌지는 주로 중량문에 사용한다.
⑤ 도어체크는 피스톤장치가 있지만 개폐속도는 조절할 수 없다.

해설 도어체크는 피스톤장치가 있고, 개폐속도를 조절할 수 있다.

정답 ⑤

14 창호철물에서 경첩(hinge)에 관한 설명으로 옳지 않은 것은?　제25회 기출

① 경첩은 문짝을 문틀에 달 때, 여닫는 축이 되는 역할을 한다.
② 경첩의 축이 되는 것은 핀(pin)이고, 핀을 보호하기 위해 둘러감은 것이 행거(hanger)이다.
③ 자유경첩(spring hinge)은 경첩에 스프링을 장치하여 안팎으로 자유롭게 여닫게 해주는 철물이다.
④ 플로어힌지(floor hinge)는 바닥에 설치하여 한쪽에서 열고 나면 저절로 닫혀지는 철물로 중량이 큰 자재문에 사용된다.
⑤ 피봇힌지(pivot hinge)는 암수 돌쩌귀를 서로 끼워 회전으로 여닫게 해주는 철물이다.

해설 경첩의 축이 되는 것은 핀(pin)이고, 핀을 보호하기 위해 둘러감은 것은 너클(knuckle)이다. 참고로, 행거(hanger)는 문 등을 상부에 매달리게 하는 것이다.

정답 ②

7 견적과 적산

1. 견적과 적산 비교

견적(見積)	적산(積算)
• 적산량(공사량) × 단가 = 공사비 • 적산을 포함한 광의적 개념이다. • 수량과 비용을 감안한 총합적 행위이다.	• 재료 및 품의 수량 또는 물량의 산출 • 물량을 산출하는 협의적 개념이다. • 물량 중심의 기술적 행위이다.

2. 견적의 종류와 관련 용어

(1) 견적 구분

명세견적 (detailed estimate)	• 면밀한 적산과 견적과정을 거쳐 공사비를 산출한다. • 최종견적, 상세견적, 입찰견적이라고도 한다. • 완성된 설계도서 등에 의해 정밀한 공사비를 산출한다.
개산견적 (approximate estimate)	• 개략적인 공사비를 산출할 때 편리하다. • 개념견적, 기본견적이라고도 한다. • 설계도서가 미비하거나 정밀한 적산을 할 수 없을 때 공사비를 산출한다.

(2) 관련 용어

① **표준품셈**: 단위 작업당 소요되는 재료수량, 노무량 및 장비사용시간 등을 수치로 표시한 견적기준이다.

② **일위대가**: 재료비에 가공 및 설치비 등을 가산하여 단위단가로 작성한 것이다.

3. 재료의 단위중량

종류	단위중량(kg/m^3)
철근콘크리트	2,400
콘크리트	2,300
시멘트 모르타르	2,100
시멘트(자연상태)	1,500
물	1,000

15 재료의 일반적인 추정 단위중량(kg/m³)으로 옳지 않은 것은? 제24회 기출

① 철근콘크리트: 2,400
② 보통 콘크리트: 2,200
③ 시멘트 모르타르: 2,100
④ 시멘트(자연상태): 1,500
⑤ 물: 1,000

해설 보통 콘크리트: 2,300(kg/m³)

정답 ②

16 건축적산 및 견적에 관한 설명으로 옳지 않은 것은? 제25회 기출

① 적산은 공사에 필요한 재료 및 품의 수량을 산출하는 것이다.
② 명세견적은 완성된 설계도서, 현장설명, 질의응답 등에 의해 정밀한 공사비를 산출하는 것이다.
③ 개산견적은 설계도서가 미비하거나 정밀한 적산을 할 수 없을 때 공사비를 산출하는 것이다.
④ 품셈은 단위공사량에 소요되는 재료, 인력 및 기계력 등을 단가로 표시한 것이다.
⑤ 일위대가는 재료비에 가공 및 설치비 등을 가산하여 단위단가로 작성한 것이다.

해설 표준품셈이란 단위 작업당 소요되는 재료수량, 노무량 및 장비사용시간 등을 수치로 표시한 견적기준이다.

정답 ④

4. 정미량, 소요량

정미량	• 공사에 실제 설치되는 자재량 • 설계도서의 설계치수에 의한 계산수량으로, 할증이 포함되지 않는다.
소요량	정미량 + (정미량 × 할증률)

용어 보충 **정미량, 소요량**

집에 자기질 타일 100장을 붙여야 한다고 가정했을 때, 여기서 100장은 실제 사용되는 자재량이다. 그렇기 때문에 '정미량'은 100장이 된다. 그런데 타일을 붙이다 실수로 떨어트려 1장이라도 깨지게 되면 시공이 완성되지 않는다. 그래서 이런 손실을 고려해 103장을 구매하게 되고, 때문에 '소요량'은 정미량 100장에 3장을 추가한 103장이 되는 것이다.
이때, 손실 정도는 재료에 따라 다르게 정해지는데, 자기질 타일의 경우 정미량의 3%로 정해져 있다. 3%는 100분의 3이므로, 손실(예상)량은 100장 × 3/100 = 3장이 된다.

5. 재료의 할증률

종류		할증률(%)
벽돌	붉은벽돌	3
	내화벽돌	3
	콘크리트벽돌	5
블록		4
이형철근		3
석고판(못 붙임용)		5
석고판(본드 붙임용)		8
도료		2
유리		1
타일	모자이크, 도기, 자기	3
	아스팔트, 리놀륨, 비닐	5

이렇게 출제!

17 소요수량 산출 시 할증률이 가장 작은 재료는? 제23회 기출

① 도료

② 이형철근

③ 유리

④ 일반용 합판

⑤ 석고보드

해설 유리의 할증률은 1%로, 선지 중 할증률이 가장 작다.
① 도료 2%
② 이형철근 3%
④ 일반용 합판 3%
⑤ 석고보드 5%(못 붙임용), 8%(본드 붙임용)

정답 ③

❶ 내력벽식 아파트의 구조형식은 조적식구조에 속한다.　　　　　　　　　　　○　│　×

❷ 철근콘크리트구조에서 콘크리트는 주로 인장력을 부담한다.　　　　　　　　○　│　×

❸ 철골구조는 열에 약한 구조이다.　　　　　　　　　　　　　　　　　　　　○　│　×

❹ 벽돌의 줄눈치수는 10mm이다.　　　　　　　　　　　　　　　　　　　　○　│　×

❺ 아파트의 안방이나 화장실의 문은 주로 미닫이문이다.　　　　　　　　　　○　│　×

❻ 설계도서에 의해 정확하게 산출한 양을 정미량이라고 한다.　　　　　　　○　│　×

❼ 콘크리트는 물, (　　　　), 모래, 자갈 등을 혼합해서 만든다.

❽ 압축력에 의해 가늘고 긴 부재가 휘는 것을 (　　　　)(이)라고 한다.

❾ 아치구조는 개구부의 상부하중을 지지하기 위해 조적재를 곡선형으로 쌓은 것으로, (　　　)력만 작용되도록 한 구조이다.

❿ 벽돌구조는 결합재로 물, 시멘트, 모래를 혼합 반죽한 시멘트 모르타르를 사용하게 되므로 (　　　)식 시공법에 속한다.

① X 아파트는 벽식 라멘구조로서 일체식구조에 속한다.　② X 콘크리트는 압축력을 부담한다.　③ O　④ O
⑤ X 주로 여닫이문으로 설치된다.　⑥ O　⑦ 시멘트　⑧ 좌굴　⑨ 압축　⑩ 습

✅ 건축설비는 인체에 비유하면 신경계통을 다루는 단원입니다. 인체의 신경계통, 즉 음식물을 먹고 장기에서 소화·배출하는 것을 연상하면 됩니다. 시설개론 40문제 중 20문제가 출제되는 단원이며, 건축물에 물을 공급하고 끓이고 처리하는 일들, 실내의 난방을 어떻게 하는지 등 설비의 흐름을 계통별로 학습하면 좋은 성과가 있을 것입니다.

CHAPTER 한눈에 보기

1 물의 특성
· 물의 성질과 압력수두 파악하기
· 수압과 수두 파악하기
· 물의 수질 파악하기

2 급수설비
· 급수설비계획 및 급수설비 공급라인 핵심 계통 파악하기
· 급수방식의 종류 및 특성 이해하기

3 배수 및 통기설비
· 트랩의 구조와 봉수, 통기관의 설치 목적 이해하기

🔍 용어 CHECK
· 정·부압

4 급탕 및 난방설비
· 중앙식 급탕방식의 특징과 급탕배관 유형 파악하기
· 난방 분류 및 난방열원 공급방식 비교하기

🔍 용어 CHECK
· 잠열   · 현열

발문 미리보기

• 급수설비에 관한 설명으로 옳지 않은 것은?

• 배수용 트랩에 관한 설명 중 틀린 것은?

|POINT| 설비는 계통(과정과 처리 흐름)을 이해해야 합니다. 급수설비는 물을 어떤 과정을 거쳐 공급하고 어떻게 처리하는지에 대한 특징을 묻습니다. 즉, 건물 내에 찬물과 뜨거운 물을 어떻게 설치하고, 더러운 물을 어떻게 처리하는지를 묻는 문제가 중점이 됩니다. 이에 따라 설비를 이루는 용어의 정의, 설비처리를 하는 설비기기의 기능을 이해하는 것이 중요합니다.

1 물의 특성

1. 물의 성질

(1) 중량과 부피

순수한 물은 1기압하에서 온도가 4℃, 밀도가 1g/cm^{3}일 때 부피가 최소이며 가장 무겁다(밀도가 가장 높다).

(2) 물의 팽창과 수축

① 0℃ 물 → 0℃ 얼음: 약 9% 체적 증가

② 4℃ 물 → 100℃ 물: 약 4.3% 체적 증가

③ 100℃ 물 → 100℃ 증기: 약 1,700배 체적 증가

2. 수압과 수두

(1) 수압 형성

① 물 1m^{3}는 1톤의 무게를 지니고 있다.

② 깊이에 대한 수압을 나타내는 것을 압력수두라 하여 1mAq라고 표시한다.

③ 수압은 물기둥의 높이에 비례하고, 물이 누르는 힘을 단위면적으로 나눈다.

(2) 마찰손실수두

① 관 속에 흐르는 유체의 압력 변화는 관 내 마찰, 관의 굴곡, 밸브류, 관경의 변화 등에 의해 일어난다.

② 관 내 마찰손실수두는 관 속에 물이 흐를 때 물분자가 관 내 벽과의 마찰 저항과 물의 점성에 의해 에너지가 소모되는 것을 말한다.

$$h = f \cdot \frac{l}{d} \cdot \frac{v^2}{2g}$$

h: 마찰손실수두(m) f: 손실계수(강관은 0.02)

d: 관의 직경(m) l: 관의 길이(m)

g: 중력가속도(9.8m/sec^2) v: 유속(m/sec)

3. 물의 수질

(1) 물의 경도(수질)

물속에 녹아 있는 마그네슘의 양을 이것에 대응하는 탄산칼슘($CaCo_3$)의 100만분율 (ppm; parts per million)로 환산하여 표시한다.

① **극연수**: 0~10ppm 이하인 물로서 증류수나 멸균수이다.

② **연수**: 90ppm 이하인 물로서 세탁 및 보일러 용수에 적당하다.

③ **적수**: 90~110ppm인 물로서 음료수에 적합하다.

④ **경수**: 110ppm 이상인 물이다.

(2) pH

① 수소이온이 물속에 녹아 있는 정도를 나타낸다.

② 수소이온농도를 그 역수의 상용치수로 표시하여 산성, 중성, 알칼리성으로 구분한다.

③ 먹는물의 수소이온농도는 pH 5.8 이상, pH 8.5 이하이다.

pH < 7: 산성	pH = 7: 중성	7 < pH ≤ 14: 알칼리성

(3) 잔류염소

① 수돗물을 공급하기 전에 미생물을 사멸시키는 소독효과가 있는 유효염소를 공급하는데, 이 유효염소는 완전히 사라지지 않고 물속에 어느 정도의 양이 잔류한다. 이를 '잔류염소'라고 한다.

② 수돗물에서 약간의 소독약 냄새가 나는 이유는 미생물의 소독효과가 있는 유효한 염소가 남아 있기 때문이다.

③ 물탱크에 너무 장기간 물이 머물러 있게 되면 잔류염소의 양이 적어지면서 미생물에 의한 오염이 발생할 수 있다.

01 배관의 마찰손실수두 계산 시 고려해야 할 사항으로 옳은 것을 모두 고른 것은?

제25회 기출

> ㉠ 배관의 관경　　　　　　　　㉡ 배관의 길이
> ㉢ 배관 내 유속　　　　　　　　㉣ 배관의 마찰계수

① ㉠, ㉢　　　　　　　　　　　　② ㉡, ㉣

③ ㉠, ㉡, ㉣　　　　　　　　　　④ ㉡, ㉢, ㉣

⑤ ㉠, ㉡, ㉢, ㉣

해설 모두 배관의 마찰손실수두 계산 시 고려할 사항이다.

정답 ⑤

02 건축설비의 기초사항에 관한 내용으로 옳은 것을 모두 고른 것은?

제26회 기출

> ㉠ 순수한 물은 1기압하에서 4℃일 때 밀도가 가장 작다.
> ㉡ 정지해 있는 물에서 임의의 점의 압력은 모든 방향으로 같고 수면으로부터 깊이에 비례한다.
> ㉢ 배관에 흐르는 물의 마찰손실수두는 관의 길이와 마찰계수에 비례하고 유속의 제곱에 비례한다.
> ㉣ 관경이 달라지는 수평관 속에서 물이 정상 흐름을 할 때, 관경이 클수록 유속이 느려진다.

① ㉠, ㉡
② ㉢, ㉣
③ ㉠, ㉡, ㉢
④ ㉡, ㉢, ㉣
⑤ ㉠, ㉡, ㉢, ㉣

해설 ㉠ 순수한 물은 1기압하에서 4℃일 때 밀도가 가장 높다.

정답 ④

2 급수설비

1. 급수설비계획

① 배관 구배를 적절히 잘 잡아서 물이 정체되지 않도록 직선배관을 한다.

② 굴곡배관이 되어 공기가 모이게 되는 부분에는 공기빼기밸브(air vent valve)를 설치한다.

③ 지수 밸브(stop valve)를 적절히 달아서 국부적 단수로 처리하고, 수량 및 수압을 조정할 수 있도록 한다(설치 장소는 수평주관에서 각 수직관의 분기점, 각층 수평주관의 분기점임).

④ 바닥 또는 벽을 관통하는 배관은 슬리브(sleeve) 배관을 한다. 슬리브 배관은 급탕배관이 벽이나 바닥을 통과할 경우 온수 온도변화에 따른 배관의 신축이 쉽게 이루어지도록 벽(바닥)과 배관 사이에 설치하여 벽(바닥)과 배관을 분리시킨다.

03 다음에서 설명하고 있는 것은 무엇인가?   제22회 기출

급탕배관이 벽이나 바닥을 통과할 경우 온수 온도변화에 따른 배관의 신축이 쉽게
이루어지도록 벽(바닥)과 배관 사이에 설치하여 벽(바닥)과 배관을 분리시킨다.

① 슬리브   ② 공기빼기밸브
③ 신축이음   ④ 서모스탯
⑤ 열감지기

해설 슬리브 배관에 관한 설명이다.

정답 ①

2. 급수설비 공급라인 핵심 계통

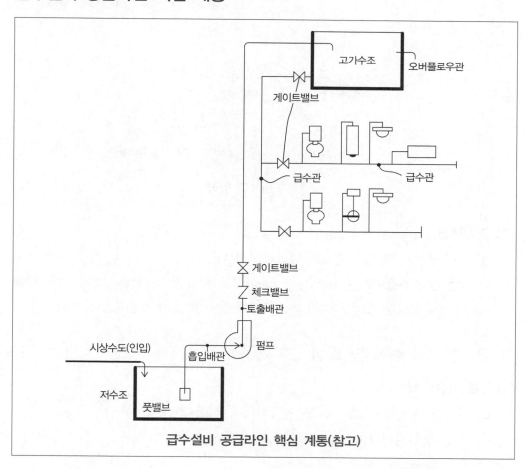

급수설비 공급라인 핵심 계통(참고)

(1) 양수 펌프

양수 시 흡입구는 양수 관경의 2배 이상 물속에 잠기게 한다.

(2) 양정

양정이란 펌프가 물과 같은 액체를 어느 정도나 높이 또는 멀리 보낼 수 있는가를 의미한다.

① **펌프의 실양정**: 흡입양정 + 토출양정

② **펌프의 전양정**: 흡입양정 + 토출양정 + 관 내 마찰손실수두

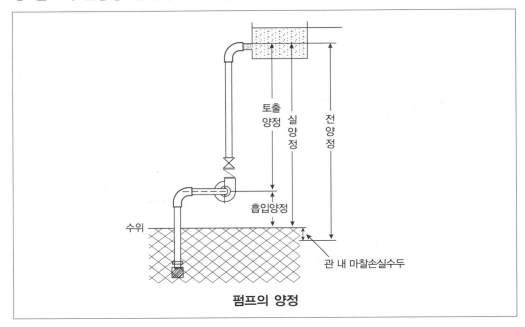

펌프의 양정

(3) 고가탱크

① 옥상에 있는 물탱크를 고가탱크라고 한다.

② **넘침관**(오버플로우관, overflow pipe): 스위치 고장으로 양수가 계속될 때 탱크에서 넘쳐흐르는 물을 배수하는 관으로, 양수관 굵기의 2배 이상으로 한다.

3. 급수방식의 종류 및 특성

(1) 수도직결방식

① 상수도 본관에 직접 수도를 연결하는 방식이다.

② 가장 위생적이다.

③ 주로 소규모 건물에 이용한다.

④ 정전이 되어도 사용이 가능하나, 단수가 되면 사용이 곤란하다.

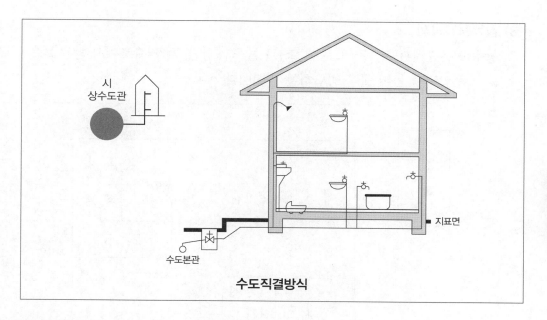

수도직결방식

(2) 고가탱크방식

① 상수도 본관에서 받은 물을 저수조(또는 수수조)에 저장하고, 저수조에서 다시 옥
상에 있는 고가탱크로 물을 올린 후 하향으로 물을 공급하는 방식이다.

② 고가탱크의 오염 문제, 구조(하중) 문제, 미관 문제가 발생한다.

③ 어떤 특정한 위치에서 수압이 일정한 편이지만, 건물 내 층별 수압분포는 다르
다. 예를 들면, 상층부는 수압이 낮고 하층부는 수압이 높다.

④ 고가탱크에 물이 있다면 단수나 정전 시에도 사용이 가능하다.

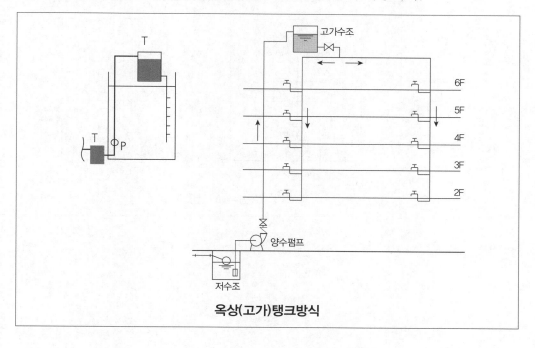

옥상(고가)탱크방식

(3) 압력탱크방식

상수도 본관에서 저수조(또는 수수조)로 물을 저장한 후, 저수조에서 받은 물을 압력
탱크로 압력을 높여 물을 공급하는 방식이다.

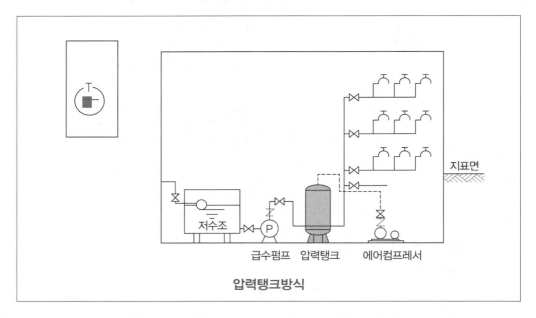

압력탱크방식

(4) 부스터방식

① 상수도 본관에서 저수조로 물을 저장한 후, 펌프로 직송하여 공급한다.
② 기계실 내에 저수조와 펌프가 필요하나 고가탱크는 필요 없다.

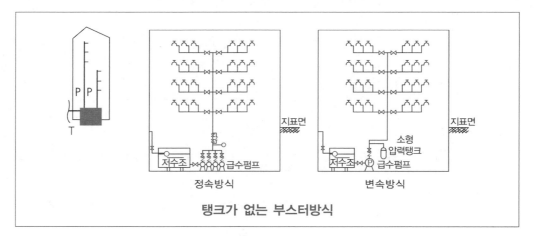

탱크가 없는 부스터방식

이렇게 출제!

04 급수설비에 관한 설명으로 옳은 것은? 제27회 기출

① 고가수조방식은 타 급수방식에 비해 수질오염 가능성이 낮다.
② 수도직결방식은 건물 내 정전 시 급수가 불가능하다.
③ 초고층건물의 급수조닝 방식으로 감압밸브 형식이 있다.
④ 배관의 크로스커넥션을 통해 수질오염을 방지한다.
⑤ 동시사용률은 위생기기의 개수가 증가할수록 커진다.

해설 ① 고가수조방식은 타 급수방식에 비해 수질오염 가능성이 높다.
② 수도직결방식은 건물 내 정전 시 급수가 가능하다.
④ 배관의 크로스커넥션은 수질오염이 될 수 있어 금지한다.
⑤ 동시사용률은 위생기기의 개수가 증가할수록 작아진다.

정답 ③

3 배수 및 통기설비

1. 트랩(trap)의 구조

봉수가 고이게 하는 기구를 트랩이라 한다.

(1) 트랩의 설치 목적 및 구비 조건

① 봉수가 고이게 함으로써 벌레 침투와 악취 유입을 방지한다.
② 하수 가스, 냄새의 역류를 방지한다.
③ 포집기류를 제외하고는 오수에 포함된 오물 등이 부착 및 침전하기 어려워야 한다.
④ 봉수 깊이가 항상 유지되는 구조이어야 한다.
⑤ 간단한 구조이어야 한다.

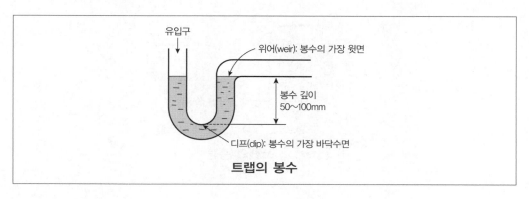

트랩의 봉수

(2) 트랩의 종류별 용도

트랩은 사이펀 트랩(S트랩, P트랩, U트랩)과 비사이펀 트랩(드럼트랩, 벨트랩)으로 나뉘고, 이물질을 분리·제거하는 인터셉터(포집기 또는 저집기)가 있다.

① S트랩
    ㉠ 세면기, 대변기, 소변기에 부착하여 사용한다.
    ㉡ 사이펀 작용(배관의 압력변화로 인한 봉수 파괴 현상)을 일으키기 쉬운 형태로, 봉수가 쉽게 파괴된다.

② P트랩: 세면기 등 위생기구에 많이 쓰이는 형식이다.

③ U트랩: 가옥트랩 또는 메인 트랩이라고도 하며, 공공 하수관에서의 하수 가스의 역류 방지용으로 사용한다.

④ 드럼트랩(drum trap): 주방 싱크의 배수용 트랩으로 쓰인다. 다량의 물을 고이게 하므로 봉수가 잘 파괴되지 않으며 청소가 가능하다.

⑤ 벨트랩(bell trap): 바닥 배수용으로 사용되었으나, 현재는 설비설계기준에 의해 설치 금지 트랩으로 정하고 있다.

⑥ 포집기 또는 저집기(interceptor): 배수 중에 혼입된 여러 가지 유해물질이나 기타 불순물 등을 분리 수집함과 동시에 트랩의 기능을 발휘하는 기구이다.
    ㉠ 그리스 저집기(grease trap): 주방 등에서 기름기를 제거하고 분리한다.
    ㉡ 기타 가솔린 저집기(gasoline trap) 등

S트랩　　　　P트랩　　　　U트랩

드럼트랩　　　　벨트랩

트랩의 종류

05 배수트랩의 구비조건에 관한 내용으로 옳지 않은 것은? 제24회 기출

① 자기사이펀 작용이 원활하게 일어나야 한다.

② 하수 가스, 냄새의 역류를 방지하여야 한다.

③ 포집기류를 제외하고는 오수에 포함된 오물 등이 부착 및 침전하기 어려워야 한다.

④ 봉수 깊이가 항상 유지되는 구조이어야 한다.

⑤ 간단한 구조이어야 한다.

> **해설** 사이펀 작용은 배관의 압력변화로 인해 봉수가 파괴되는 현상을 말한다. 트랩은 봉수가 유지되어야 하므로 자기사이펀 작용이 일어나면 안 된다.
> ③ 배수트랩은 적당한 세정작용이 일어나야 하는데, 여기서 세정작용이란 고형물(찌꺼기)이 잔류하지 않고 배수가 되는 것을 말한다.

정답 ①

06 다음 중 배수트랩에 해당하는 것을 모두 고른 것은? 제23회 기출

㉠ 벨트랩	㉡ 버킷트랩
㉢ 그리스트랩	㉣ P트랩
㉤ 플로트트랩	㉥ 드럼트랩

① ㉠, ㉡

② ㉠, ㉢, ㉥

③ ㉢, ㉣, ㉥

④ ㉠, ㉢, ㉣, ㉥

⑤ ㉡, ㉢, ㉣, ㉤

> **해설** 벨트랩(㉠), 그리스트랩(㉢), P트랩(㉣), 드럼트랩(㉥)이 배수트랩이다.

정답 ④

2. 봉수

(1) 봉수의 설치 목적

① 실내로의 벌레 침투, 악취 유입을 방지하기 위해 봉수를 둔다.

② 봉수를 유지하는 구조를 트랩(기구)이라고 한다.

(2) 봉수의 파괴 원인

① 정·부압에 의한 파괴(흡인, 토출), 모세관현상, 운동에 의한 관성력, 증발 등으로 봉수가 파괴된다.

② 사이펀 작용에는 자기 기구의 영향으로 인한 자기사이펀 작용과, 상부 기구의 유수 흐름에 의한 유도사이펀 작용이 있다.

③ 봉수의 파괴 원인 중 압력작용을 방지하기 위해서는 통기관이 필요하다.

용어 보충	배관의 정·부압
대기압을 통상적으로 작용하는 압력이라고 보았을 때, 배관 내에서는 대기압보다 큰 압력인 정압이 발생하기도 하고 대기압보다 작은 압력인 부압이 발생하기도 한다.	

3. 통기관의 설치 목적

① 트랩의 봉수를 보호한다.

② 배수의 흐름을 원활하게 한다.

③ 배수관 내의 공기 유통을 자연스럽게 하여 관 내 기압 변화를 최소로 한다.

④ 배수관 내의 악취를 배출하여 청결을 유지한다.

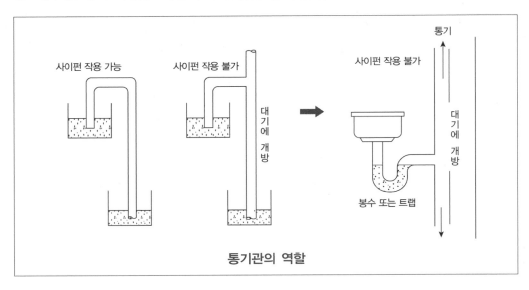

통기관의 역할

07 트랩의 봉수파괴 원인이 아닌 것은?   제25회 기출

① 수격작용

② 모세관현상

③ 증발작용

④ 분출작용

⑤ 자기사이펀작용

해설 수격작용은 봉수파괴 원인이 아니다.

정답 ①

4 급탕 및 난방설비

1. 중앙식 급탕방식의 특징

(1) 특징

중앙식 급탕방식은 중간 열손실이 크고, 건물 완공 후 증설이 어렵다.

(2) 가열방식에 따른 특징

구분	직접가열식	간접가열식
보일러	급탕용 보일러, 난방용 보일러 각각 설치	난방용 보일러로 급탕까지 가능
열효율	좋음	나쁨
보일러 내의 수처리와 스케일(물때)	지속적 물(수)처리로 물때가 많이 낌	물때가 거의 끼지 않음
보일러 내의 압력	고압(수압 증가 영향 받음)	저압(수압 증가 영향 없음)
저탕조 내의 가열코일	불필요	필요
규모	소규모 건물	대규모 건물

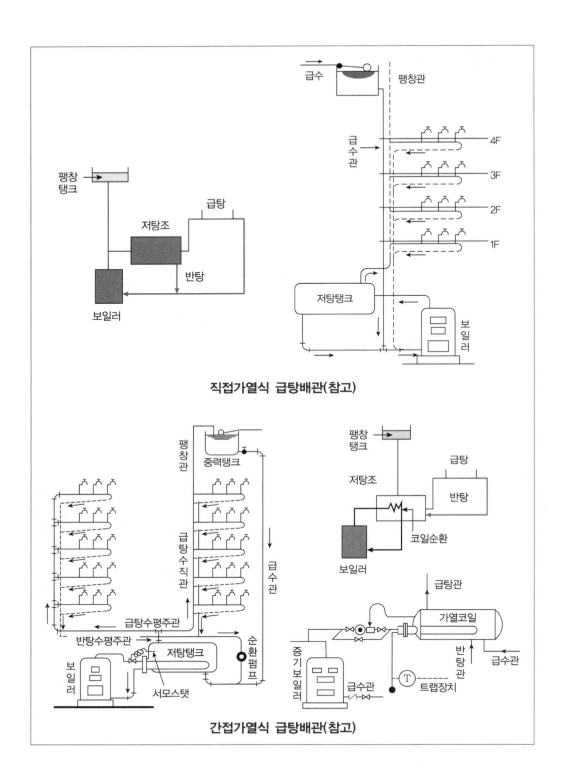

직접가열식 급탕배관(참고)

간접가열식 급탕배관(참고)

08 중앙식 급탕설비에 관한 내용으로 옳은 것만 모두 고른 것은? 제24회 기출

> ⊙ 직접가열식은 간접가열식에 비해 고층건물에서는 고압에 견디는 보일러가 필요하다.
> ⓛ 직접가열식은 간접가열식보다 일반적으로 열효율이 높다.
> ⓒ 직접가열식은 간접가열식보다 대규모 설비에 적합하다.
> ⓔ 직접가열식은 간접가열식보다 수처리를 적게 한다.

① ⊙, ⓛ
② ⓛ, ⓔ
③ ⓒ, ⓔ
④ ⊙, ⓛ, ⓒ
⑤ ⊙, ⓒ, ⓔ

해설 ⓒ 직접가열식은 간접가열식보다 소규모 설비에 적합하다.
ⓔ 직접가열식은 간접가열식보다 수처리를 많이 해야 한다(직접가열식은 보일러에 지속적으로 급수를 해야 한다).

정답 ①

2. 급탕배관 유형

(1) 단관식(1관식, one pipe system)

① 온수를 급탕전까지 운반하는 배관을 1관으로만 설치한 것이다.

② 급탕관만 있고 환탕관은 없다.

③ 배관이 짧은 주택이나 소규모 건물에 적합하다.

④ 수전을 열면 처음에는 찬물이 나온다(배관의 찬물이 모두 나올 때까지).

⑤ 시설비가 저렴하다.

(2) 순환식(복관식 또는 2관식, two pipe system)

① 급탕관의 길이가 길 때 관 내 온수의 냉각을 방지하기 위하여 보일러에서 급탕전까지 공급관과 순환관을 배관하는 방식이다.

② 아파트 등의 중·대규모 건물에 적합하다.

③ 수전을 열면 즉시 온수가 나온다.

④ 시설비가 비싸다.

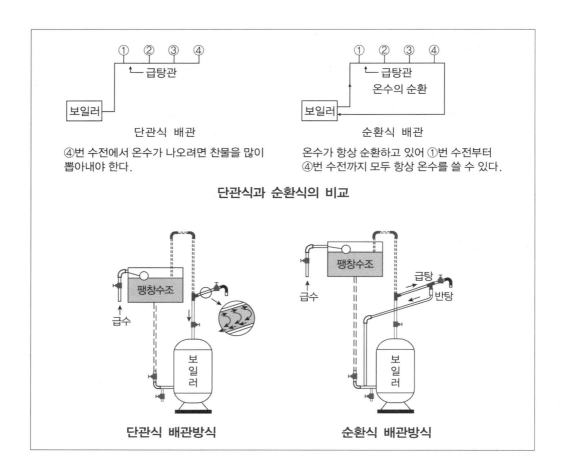

단관식과 순환식의 비교

④번 수전에서 온수가 나오려면 찬물을 많이 뽑아내야 한다.

온수가 항상 순환하고 있어 ①번 수전부터 ④번 수전까지 모두 항상 온수를 쓸 수 있다.

단관식 배관방식

순환식 배관방식

3. 난방 분류

(1) 난방 유형에 따른 분류

구분	종류
직접난방	• 대류: 증기난방, 고온수난방, 온수난방 • 복사난방(아파트, 주택 등의 난방)
간접난방	온풍난방

(2) 열원 공급방식에 따른 분류

구분	특징
개별난방	개별 세대마다 보일러를 설치하는 난방방식
중앙난방	중앙기계실에 대형 보일러를 두고, 각 세대에 배관으로 열원을 공급하는 방식
지역난방	지역에 초대규모 난방 보일러를 두고, 각 아파트 열교환기를 거쳐 각 세대로 공급하는 방식

4. 난방열원 공급방식 비교

(1) 증기난방(대류식)

구분	특징
온도	고온, 잠열 이용
예열시간	열 운반능력이 커서 예열시간이 짧다(고속).
관경	작다.
설치유지비용	싸다(열량조절 곤란).
쾌적도	작다.
상하 온도차	크다.
소음	크다.
용도	간헐난방

용어 보충 | **현열과 잠열**

주전자에 온도계를 넣고 물을 끓인다고 가정하자. 물이 끓기 전에 물의 상태는 유지한 채로 온도만 변하게 한 이때의 열을 '현열'이라고 한다. 이후 온도계의 눈금이 100℃에서 더 올라가지는 않고 물이 끓어서 증기로 변한다면, 물의 상태는 변했지만 온도변화가 없는 이때의 열을 '잠열'이라고 한다.

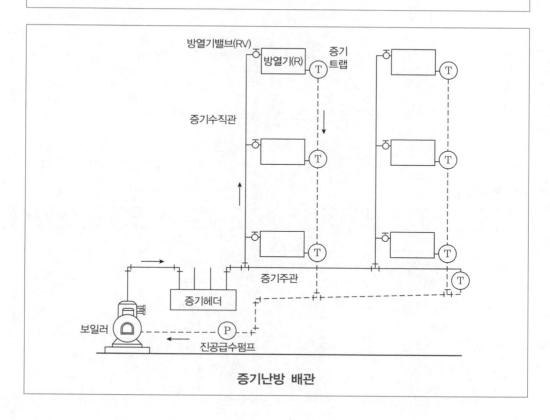

증기난방 배관

(2) 온수난방(대류식)

구분	특징
온도	보통온수(주철제보일러) 고온수(강판제보일러) 현열 이용
예열시간	증기난방보다 길다.
관경	증기난방보다 크다.
설치유지비용	증기난방보다 비싸다.
쾌적도	증기난방보다 좋다.
상하 온도차	큰 편이다.

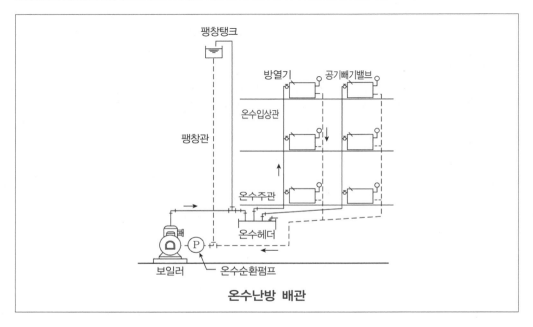

온수난방 배관

(3) 복사난방

구분	특징
온도	보통
예열시간	길다.
관경	크다.
설치유지비용	비싸다.
쾌적도	좋다.
상하 온도차	작다(거의 없다).
외기급변	방열량 조절이 곤란하다.
용도	지속난방

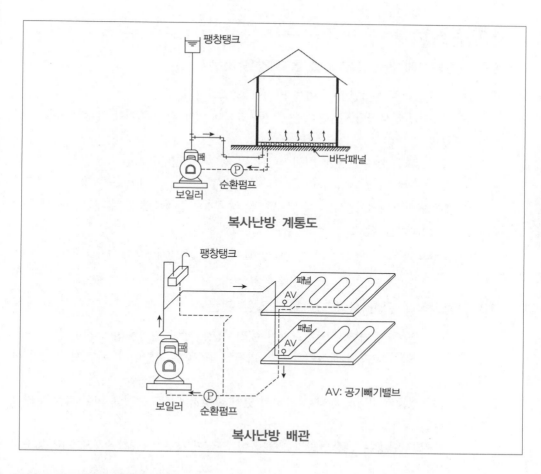

복사난방 계통도

AV: 공기빼기밸브

복사난방 배관

(4) 대류난방의 표준방열량 비교

열매	표준방열량(kcal/m²h)	표준방열량(kW/m²)
증기	650	0.756
온수	450	0.523

(5) 난방배관의 환수방식

온수난방에서 역환수방식은 직접환수방식에 비해 각 방열기에 온수를 균등히 공급할 수 있다.

09 난방방식에 관한 설명으로 옳지 않은 것은?　　　　　　제27회 기출

① 온수난방은 증기난방에 비해 방열량을 조절하기 쉽다.

② 온수난방에서 직접환수방식은 역환수방식에 비해 각 방열기에 온수를 균등히 공급할 수 있다.

③ 증기난방은 온수난방에 비해 방열기의 방열면적을 작게 할 수 있다.

④ 온수난방은 증기난방에 비해 예열시간이 길다.

⑤ 지역난방방식에서 고온수를 열매로 할 경우에는 공동주택 단지 내의 기계실 등에서 열교환을 한다.

해설 온수난방에서 역환수방식은 직접환수방식에 비해 각 방열기에 온수를 균등히 공급할 수 있다.

정답 ②

10 난방방식에 관한 설명으로 옳지 않은 것은?　　　　　　제25회 기출

① 온수난방은 증기난방과 비교하여 예열시간이 짧아 간헐운전에 적합하다.

② 난방코일이 바닥에 매설되어 있는 바닥복사난방은 균열이나 누수 시 수리가 어렵다.

③ 증기난방은 비난방 시 배관이 비어 있어 한랭지에서도 동결에 의한 파손 우려가 적다.

④ 바닥복사난방은 온풍난방과 비교하여 천장이 높은 대공간에서도 난방효과가 좋다.

⑤ 증기난방은 온수난방과 비교하여 난방부하의 변동에 따른 방열량 조절이 어렵다.

해설 온수난방은 증기난방과 비교하여 예열시간이 길어 지속운전에 적합하다.

정답 ①

중요 개념 확인하기!

❶ 수도직결방식은 가장 오염이 되기 쉬운 급수방식이다.	○	|	×
❷ 통기관의 역할은 벌레 침투를 방지하는 것이다.	○	|	×
❸ 증기방열기의 표준방열량이 온수방열기의 표준방열량보다 크다.	○	|	×

❹ 통 속의 공기를 빨아들이면 내부압력이 대기압보다 낮은 (　　　　)이(가) 형성될 것이다.

❺ 플라스틱 통 속에 입을 대고 바람을 세게 불면 내부압력이 대기압보다 높은 (　　　　)이(가) 형성될 것이다.

① X 수도직결방식은 급수방식 중 가장 위생적인 방식이다.　② X 통기관의 역할은 공기를 유통시켜 압력변동에 의한 봉수 파괴를 방지하는 것이다.　③ O　④ 부압　⑤ 정압

비범한 사람을 부러워 말고,
비범한 고난을 두려워 마세요.

그 사람이 거기까지 간 것은
내가 피한 고난을
끝까지 견뎌냈기 때문입니다.

– 조정민, 『사람이 선물이다』, 두란노

SUBJECT 3

민법

학습 전 체크!

❓ 어떻게 출제되나요?

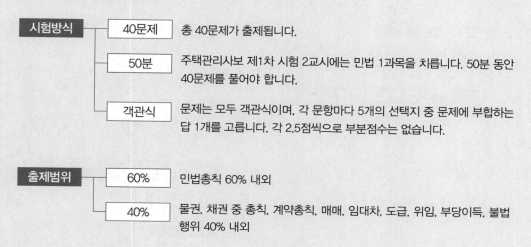

시험방식		
	40문제	총 40문제가 출제됩니다.
	50분	주택관리사보 제1차 시험 2교시에는 민법 1과목을 치릅니다. 50분 동안 40문제를 풀어야 합니다.
	객관식	문제는 모두 객관식이며, 각 문항마다 5개의 선택지 중 문제에 부합하는 답 1개를 고릅니다. 각 2.5점씩으로 부분점수는 없습니다.

출제범위		
	60%	민법총칙 60% 내외
	40%	물권, 채권 중 총칙, 계약총칙, 매매, 임대차, 도급, 위임, 부당이득, 불법행위 40% 내외

❗ 이렇게 공부하세요!

판례가 사례형으로 출제된다!

단순한 법이론적 문제보다는 판례가 사례형으로 묶여 출제되는 경우가 많으므로 처음에는 어렵더라도 판례를 자주 접하고 이론에 응용하는 연습을 하는 것이 좋습니다.

조문을 반복 학습한 뒤 판례를 연결하자!

시간을 충분히 가지고 조문을 반복해서 읽으며 기초지식을 쌓은 후, 그 지식에 판례를 연결하는 방법으로 공부해 보세요. 甲, 乙, 丙이 나오는 문제는 그림을 그려 누구인지 빨리 파악하는 것도 방법입니다.

각각의 사례와 관련한 용어 이해는 필수!

법 과목을 공부할 때에는 단순한 암기가 아닌, 각각의 사례와 관련하여 용어를 정확히 이해하는 것이 중요합니다.

01 민법 통칙

✅ 이 단원에서는 민법의 개념과 법체계 전체에서 민법의 지위, 민법의 구성, 법원(法源)의 개념과 유형, 법원(法源)의 유형별 지위와 범위, 신의성실의 원칙에 관한 민법 제2조 관련 판례를 집중적으로 학습해야 합니다.

CHAPTER 한눈에 보기

1 민법의 구성
· 민법의 구성 파악하기

2 민법 통칙(民法通則)
· 법원(法源)의 개념과 유형, 유형별 지위와 범위 이해하기

Q 용어 CHECK
· 법원(法源)

3 신의성실의 원칙
· 신의성실의 원칙에 관한 민법 제2조의 법적 지위 이해하기

발문 미리보기

• 민법 제1조 법원(法源)에 관한 설명으로 옳지 않은 것은?

• 사권의 행사와 관련하여 옳지 않은 것은?

• 신의성실의 원칙과 관련하여 옳지 않은 것은?

| POINT | 민법의 법원에 관한 내용은 모든 민법 시험에서 거의 빠짐없이 출제되는 내용입니다. 사권의 행사 중 형성권은 채권자취소권을 중심으로 그 행사 방법도 빠짐없이 출제되고 있고, 신의성실의 원칙과 관련된 구체적 내용은 판례를 중심으로 세심하게 정리해야 합니다.

1 민법의 구성 ※ 우리 시험범위를 중심으로 설명

1. 민법총칙

(1) 통칙

민법의 전반에 모두 적용되는 부분으로서 민법 제1조 민법의 법원과 민법 제2조 신의성실의 원칙을 그 내용으로 한다.

(2) 권리의 주체

권리를 행사하고 의무를 이행할 수 있는 지위 내지 자격을 '권리의 주체'라 하고, 이러한 권리의 주체에는 자연인(自然人)과 법인(法人)이 있다.

(3) 권리의 객체

권리행사의 궁극적 대상을 '권리의 객체'라 하고, 이러한 권리의 객체는 권리의 유형 및 행사방법에 따라 매우 다양하다. 민법총칙에서는 권리의 객체로서 물건에 관한 사항을 규정하고, 기타 다른 권리의 객체는 해당 권리에 관한 부분에서 따로 규정한다.

(4) 권리의 변동

① '권리의 변동'은 권리와 의무가 발생·변경·소멸하는 전체적인 현상을 말한다. 권리변동의 원인은 법률행위와 법률행위가 아닌 원인으로 나뉘는데, 법률행위 중 가장 주요한 부분이 계약이고 법률행위가 아닌 원인 중 가장 주요한 부분이 법률의 규정이다. 그러므로 그 권리가 물권이든 채권이든, 혹은 가족법상의 권리든 간에 모든 권리의 발생원인에는 법률행위와 법률규정이 있다고 할 수 있다.

② 이러한 권리변동의 원인을 '법률요건(法律要件)'이라고 한다.

2. 물권법(物權法)

(1) 물권의 의의

① '물권(物權)'이란 물건(物件)에 대한 배타적·직접적 지배권으로서 절대권(絕對權)이면서 대세권(對世權)이다.

② 물권의 대세적(對世的) 효력으로 인하여 물권은 법률 또는 관습법에 의하는 외에는 임의로 창설하지 못한다(물권법정주의).

③ 물권법정주의 원칙상 물권법의 대부분 규정은 강행규정에 해당한다.

- 강행규정: 법률행위를 하는 과정에서 당사자의 합의로 그 적용을 배제할 수 없는 규정을 말한다. '당사자의 합의로 배제할 수 없는 규정'이라는 말은 법률행위 과정에서 강행규정을 적용할 상황에서 그 강행규정을 적용하지 말 것을 약정할 수 없고 반드시 적용해야 하는 규정을 말한다.
- 임의규정: 법률행위를 하는 과정에서 당사자의 합의로 그 적용을 배제할 수 있는 규정을 말한다. 당사자의 합의내용이 임의규정과 상반되는 경우에도 당사자의 합의내용대로 법률효과가 발생한다.

(2) 물권법의 편성

① **물권총론**(物權總論): 민법상 8종류의 물권의 공통적인 효력에 관한 내용
② **물권각론**(物權各論): 민법상 8종류의 물권의 각각의 특징적 효력에 관한 내용

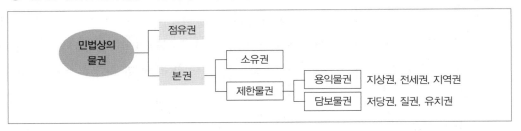

3. 채권법(債權法)

(1) 채권의 의의

① 채권자가 채무자에게 행사하는 급부청구권을 통칭하여 '채권(債權)'이라 한다.
② 채권자가 채무자에게만 자신의 채권을 행사할 수 있으므로 채권은 대인권(對人權)이며, 채무자의 책임 있는 사유로 채무를 이행하지 않는 경우에 한하여 채무불이행 등의 위법행위가 성립할 수 있는 상대권(相對權)이다.
③ 계약자유의 원칙 내지 자유경쟁의 원칙이 주로 적용되는 채권법의 대부분 규정은 임의규정에 해당한다.

(2) 채권법의 편성

① **채권총론**(債權總論): 채권의 종류 및 채권의 변동에 관한 효력을 규정한다.
② **채권각론**(債權各論): 개별적 채권의 발생 원인 및 효력을 규정한다.
  ㉠ **계약법**: 계약법은 민법상 15종류의 계약의 공통적 효력에 관한 계약총론(契約總論)과 그 계약의 개별적 효력에 관한 계약각론(契約各論)으로 구성되어 있다.
  ㉡ **기타 채권관계**: 사무관리·부당이득·불법행위 등 계약 이외의 원인으로 발생하는 채권관계의 효력에 관한 것을 규정한다.

2 민법 통칙(民法通則)

1. 법원(法源)

> 제1조【법원】민사에 관하여 법률에 규정이 없으면 관습법에 의하고 관습법이 없으면 조리에 의한다.

'민법의 법원'이란 민법의 존재형식 또는 민법의 인식수단을 의미한다. 즉, 민사재판에서 적용되는 법규범 총체로서 실질적 의미의 민법을 의미한다.

용어 보충 **법원(法源)**

'법의 연원'의 줄임말로서, 법이 어떤 형태로 존재하고 또 어떻게 작용하는지를 말한다. 일반적으로 법원(法源)은 법관이 재판을 할 때에 적용하여야 할 기준의 순서를 제시하는 것으로 해석한다.

2. 법원의 유형

(1) 법률(法律)

① **의의**: 제1차적 법원으로서 법률은 사전적 의미의 법률만을 의미하는 것이 아니라 민사에 관한 모든 성문법 형태의 제정법규 등을 포괄하는 개념으로 해석한다.

② **민법상 법원으로서 법률의 범위**

  ㉠ 민법전(民法典): 성문민법으로서 제1조부터 제1118조까지의 민법전이 가장 대표적인 법원이다.

  ㉡ 공법·국제법규·각종 명령·조약 및 국제규약·규칙·자치법규(조례·규칙) 중에서도 민사(民事)에 관한 조항들은 민법상 법원으로 법률의 범위에 속한다.

  ㉢ 헌법재판소 결정 중 민사에 관한 것은 민법의 법원으로서 법률로 인정하지만 대법원 판례는 법원으로서 법률에 포함하지 않는다.

(2) 관습법(慣習法)

① **의의**: '관습법'이란 일정지역을 중심으로 오래된 관행이 계속적으로 시행되던 중에 일반 대중들로부터 법적확신을 얻어 법으로 인식된 사회생활 규범들을 말한다.

② **성립**: 관습법은 일반대중으로부터 법적확신을 얻은 때 성립하고, 법원의 판결에 의해서 그 존재가 확인된다.

③ 관습법에 관하여 그 존재 및 효력에 관한 사항은 법원의 직권조사 사항이다.

(3) 조리(條理)

① **의의**: 조리의 개념은 다양하다. 사전적 의미는 '사물의 근본이치' 내지 '자연의 섭리' 등으로 해석될 수 있지만, 민법적인 개념으로는 '정의' 내지 '신의칙' 정도로 이해할 수 있다.

② 조리는 법은 아니지만 민법상 법원이다. 구체적인 민사 사건에 적용할 법률이나 관습법이 없는 경우에도 재판을 포기할 수 없으므로 조리가 최후의 법원으로 필요하다.

③ 결론적으로 조리는 법의 흠결을 보충해 주는 역할을 하는 민법상 법원이다.

이렇게 출제!

01 민법상 법원(法源)**에 관한 설명으로 옳지 않은 것은?** (다툼이 있으면 판례에 따름)

제27회 기출

① 일반적으로 승인된 국제법규가 민사에 관한 것이면 민법의 법원이 될 수 있다.
② 민사에 관한 대통령의 긴급재정명령은 민법의 법원이 될 수 없다.
③ 법원(法院)은 관습법에 관한 당사자의 주장이 없어도 직권으로 이를 확정할 수 있다.
④ 법원(法院)은 관습법이 헌법에 위반되는지 여부를 판단할 수 있다.
⑤ 사실인 관습은 사적자치가 인정되는 분야에서 법률행위 해석기준이 될 수 있다.

해설 민사에 관한 대통령의 긴급재정명령은 민법의 법원이 될 수 있다.

정답 ②

---

3 신의성실의 원칙

> **제2조【신의성실】** ① 권리의 행사와 의무의 이행은 신의에 좇아 성실히 하여야 한다.
> ② 권리는 남용하지 못한다.

1. 신의칙

① 권리의 행사와 의무의 이행은 신의에 좇아 성실히 하여야 한다(제2조 제1항). 이 것을 '신의성실의 원칙' 또는 '신의칙'이라고 한다.

② '신의성실'이란 사적인 거래활동의 당사자가 상대방의 신뢰를 헛되이 하지 않도 록 성의를 가지고 행동하는 것을 의미한다.

③ 신의칙은 당사자간의 신뢰관계를 기반으로 하는 채권법의 영역에서 채권의 행사 와 채무의 이행에 강조되고 발전한 법리이다.

2. 권리남용(權利濫用) 금지의 원칙

① '권리의 남용'이란 외형상으로는 정당한 것처럼 보이는 권리자의 권리행사 또는 불행사의 내면이 권리의 공공성 내지 사회성에 반하는 위법성이 있는 권리행사 를 말한다.

② 신의칙의 근본 사고방식은 권리남용의 법리와 공통된 점이 많이 있다. 즉, 권리 의 행사가 신의성실에 반하는 경우에는 권리남용이 되는 것이 보통이며, 의무의 이행이 신의성실에 반하는 경우에는 채무불이행의 책임이 발생한다.

3. 신의성실의 원칙 적용

① 사법(私法)관계뿐만 아니라 공법(公法)관계 등 모든 법률관계는 신의성실의 원칙 의 적용을 받는다.

② 강행법규에 반하는 법률행위를 한 자가 스스로 강행법규 위반을 이유로 그 법률 행위의 무효를 주장하는 것은 신의칙에 반하지 않는다.

③ 본인의 부동산을 처분한 무권대리인이 본인을 상속한 이후 본인의 지위에서 자 신의 무권대리행위를 추인 거절하는 것은 신의칙에 반한다.

02 신의성실의 원칙(이하 '신의칙')**에 관한 설명으로 옳지 않은 것은?** (다툼이 있

으면 판례에 따름)   제24회 기출

① 세무사와 의뢰인 사이에 약정된 보수액이 부당하게 과다하여 신의칙에 반하는

경우, 세무사는 상당하다고 인정되는 범위의 보수액만 청구할 수 있다.

② 계속적 보증계약의 보증인은 주채무가 확정된 이후에는 사정변경을 이유로 보증

계약을 해지할 수 없다.

③ 병원은 입원계약에 따라 입원환자들의 휴대품이 도난되지 않도록 할 신의칙상

보호의무를 진다.

④ 인지청구권은 포기할 수 없는 권리이므로 실효의 원칙이 적용되지 않는다.

⑤ 관련 법령을 위반하여 무효인 편입허가를 받은 자에 대하여 오랜 기간이 경과한

후 편입학을 취소하는 것은 신의칙 위반이다.

> **해설** 관련 법령을 위반하여 무효인 편입허가를 받은 자가 있는 경우 이는 당연 무효로서 오랜 기간
> 이 경과하였다 하더라도 무효의 효과는 변함이 없으므로 편입학을 취소하는 것은 신의칙 위반
> 이 아니다(87다카31).
>
> 정답 ⑤

중요 개념 확인하기!

❶ 관습법은 당사자의 주장·증명이 없더라도 법원(法院)이 직권으로 이를 확정할 수 있다.	○ | ×	
❷ 강행법규에 반하는 법률행위를 한 자가 스스로 강행법규 위반을 이유로 그 법률행위의 무효를 주장하는 것은 신의칙에 반한다.	○ | ×	
❸ 본인의 지위를 단독상속한 무권대리인이 상속 전에 행한 무권대리행위에 대하여 본인의 지위에서 추인을 거절하는 것은 신의칙에 반한다.	○ | ×	

① ○ ② × 신의칙에 반하지 않는다. ③ ○

02 권리의 주체와 객체

◈ 이 단원에서는 권리의 주체로서 자연인의 능력과 태아 및 제한능력자의 보호제도, 법인의 성립과 소멸과정 및 법인의 기관을 이해해야 합니다. 또한 권리의 객체의 의미, 권리의 객체로서 물건의 분류 및 그 특성을 숙지하고, 부동산과 동산, 주물과 종물 및 원물과 과실을 둘러싼 권리관계를 파악하시기 바랍니다.

CHAPTER 한눈에 보기

1 권리의 주체

· 자연인의 능력 이해하기
· 태아 및 제한능력자의 보호제도 파악하기
· 법인의 성립 · 소멸과정, 법인의 기관 이해하기

Q 용어 CHECK

· 후견인   · 법정추인
· 소급   · 간주
· 추정   · 선의
· 악의   · 무과실책임
· 사용자책임   · 구상권

2 권리의 객체

· 권리의 객체의 의미 이해하기
· 물건의 분류와 특성 확인하기
· 부동산과 동산, 주물과 종물, 원물과 과실 구분하기

Q 용어 CHECK

· 명인방법

발문 미리보기

• 태아보호 및 제한능력자 보호제도에 관한 설명으로 옳지 않은 것은?

• 실종선고제도와 그 취소의 효과에 관한 설명으로 옳지 않은 것은?

• 법인 및 비법인사단의 행위능력에 관한 설명으로 옳지 않은 것은?

• 민법상 물건에 관한 설명으로 옳지 않은 것은?

|POINT| 자연인의 권리능력과 제한능력자 및 상대방 보호제도는 완전하게 이해하고 숙지해야 합니다. 실종선고의 청구권자, 실종선고 취소의 효과와 법인의 불법행위능력은 매년 출제되고 있습니다. 비법인사단과 관련된 문제는 우리 시험의 특징적인 요소로서 매년 한 문제씩 출제됩니다. 물건에 관하여 부동산과 동산, 주물과 종물, 원물과 과실은 확실히 알아두어야 합니다.

1 권리의 주체

1. 자연인

> **제3조【권리능력의 존속기간】** 사람은 생존한 동안 권리와 의무의 주체가 된다.

(1) 자연인의 능력
① **권리능력**
  ㉠ 의의: '권리능력'이란 권리와 의무의 주체가 될 수 있는 지위 내지 자격을 말한다.
  ㉡ 자연인은 출생과 동시에 당연히 권리능력을 취득하여 사망할 때까지 권리능력이 유지된다. 자연인의 권리능력 소멸 사유는 오직 '사망' 하나뿐이다.

② **의사능력**
  ㉠ 의의: '의사능력'이란 어떤 행위를 하는 자가 자신의 행위가 옳고 그름을 판단할 수 있는 정상인의 인지능력을 말한다.
  ㉡ 의사능력에 관하여는 민법에 아무런 규정이 없다. 의사능력의 유무를 판단함에 획일적인 기준은 없고, 구체적 법률행위에 따라 개별적으로 판단하여야 한다는 것이 판례의 태도이다.

③ **행위능력**: '행위능력'이란 타인의 도움 없이도 혼자서 유효하면서 완전한 법률행위를 할 수 있는 지위 내지 자격을 말한다.

④ '능력'에 관한 민법 규정은 강행규정으로서 당사자 합의로 달리 정할 수 없다.

(2) 태아의 권리능력
① **태아보호의 필요성**: 태아도 일정한 법률관계에서 권리능력을 인정하여 보호할 필요성이 있으므로, 대체적으로 모든 나라에서 태아보호에 관한 규정을 두고 있다.

② **태아의 권리능력 인정 범위**
  ㉠ 일반적 보호주의: 모든 법률관계에서 자연인과 동일하게 태아의 권리능력을 인정하는 제도이다.
  ㉡ 개별적 보호주의
    ⓐ 의의: 특별한 법률관계에서만 태아의 권리능력을 인정하여 보호하는 제도로, 민법은 태아의 권리능력에 관하여 개별적 보호주의를 취하고 있다.

ⓑ 우리 민법상 개별적 보호규정: "~에 있어서 태아는 출생한 것으로 본다." 라는 규정이 있는 경우에만 보호한다.
- 불법행위에 기한 손해배상청구권
- 재산상속
- 유증의 수증능력
- 유류분권
- 대습상속

(3) 제한능력자 제도

① 제한능력자 보호제도

㉠ 일반적으로 제한능력자의 판단능력은 보통의 행위능력자에 비하여 불완전하다고 인정되며, 그 법률행위를 보호하는 규정을 두고 있다.

㉡ 제한능력자 제도는 제한능력자의 재산을 보호하기 위한 제도로서 재산상의 법률행위에 적용되며, 제한능력자의 법률행위는 일정한 요건하에서 제한능력자 자신 또는 그 법정대리인이나 후견인이 취소할 수 있다.

㉢ 제한능력자 보호에 있어 신의칙은 적용되지 않는다.

용어 보충 | **후견인**

미성년자나 법정후견대상자(피성년후견인 · 피한정후견인 · 피특정후견인)의 신체 · 재산에 대하여 법적으로 보호하거나 대신할 책임과 권한이 있는 자연인 또는 법인을 말한다.

---

② 제한능력자의 유형

㉠ 미성년자

ⓐ 의의: 사람은 19세로 성년에 이르게 되므로, 19세에 달하지 않은 자를 '미성년자'라 한다.

ⓑ 미성년자가 법률행위를 함에는 법정대리인의 동의를 얻어야 하며, 그 동의 없이 미성년자가 단독으로 한 법률행위는 미성년자 스스로 또는 법정대리인이 취소할 수 있다.

㉡ 피성년후견인

ⓐ 성년후견의 개시 심판

- 질병, 장애, 노령, 그 밖의 사유로 인한 정신적 제약으로 사무를 처리할 능력이 지속적으로 결여된 사람에 대하여 일정한 청구권자의 청구에 의하여 가정법원으로부터 성년후견의 심판을 받은 자를 '피성년후견인'이라 한다.
- 가정법원은 성년후견개시의 심판을 할 때 본인의 의사를 고려하여야 한다.

ⓑ 피성년후견인의 법률행위
- 피성년후견인의 법률행위는 피성년후견인 또는 성년후견인이 취소할 수 있다. 그러나 일용품의 구입 등 일상생활에 필요하고 그 대가가 과도하지 아니한 법률행위는 성년후견인이 취소할 수 없다.
- 성년후견 심판 시 가정법원은 취소할 수 없는 피성년후견인의 법률행위의 범위를 정할 수 있고, 그 법률행위는 취소할 수 없다.

ⓒ 피한정후견인

ⓐ 한정후견의 개시 심판
- 질병, 장애, 노령, 그 밖의 사유로 인한 정신적 제약으로 사무를 처리할 능력이 부족한 사람에 대하여 일정한 청구권자의 청구에 의하여 가정법원으로부터 한정후견의 심판을 받은 자를 '피한정후견인'이라 한다.
- 가정법원은 한정후견개시의 심판을 할 때 본인의 의사를 고려하여야 한다.

ⓑ 피한정후견인의 법률행위
- 가정법원은 피한정후견인이 한정후견인의 동의를 받아야 하는 행위의 범위를 정할 수 있고, 그 행위를 피한정후견인이 한정후견인의 동의 없이 하였을 때에는 그 법률행위를 취소할 수 있다. 다만, 일용품의 구입 등 일상생활에 필요하고 그 대가가 과도하지 아니한 법률행위는 취소할 수 없다.
- 한정후견인의 동의를 필요로 하는 행위에 대하여 한정후견인이 피한정후견인의 이익이 침해될 염려가 있음에도 그 동의를 하지 아니하는 때에는 가정법원은 피한정후견인의 청구에 의하여 한정후견인의 동의를 갈음하는 허가를 할 수 있다.

③ **피특정후견인**(특정후견 심판을 받아도 제한능력자가 되는 것은 아님)

㉠ 특정후견의 심판

ⓐ 질병, 장애, 노령, 그 밖의 사유로 인한 정신적 제약으로 일시적 후원 또는 특정한 사무에 관한 후원이 필요한 사람에 대하여 일정한 청구권자의 청구에 의하여 가정법원으로부터 특정후견의 심판을 받은 자를 '피특정후견인'이라 한다.

ⓑ 성년후견 또는 한정후견 심판 시 법원은 본인의 의사를 고려하여야 하나, 특정후견의 심판은 본인의 의사에 반하여 할 수 없다.

㉡ 특정후견의 심판을 하는 경우 법원은 특정후견의 기간 또는 사무의 범위를 정하여야 한다.

④ **제한능력자와 거래한 상대방 보호**

㉠ 제한능력자의 법률행위는 일정한 요건을 갖춘 경우 취소할 수 있도록 하여 제한능력자를 적극적으로 보호하는 제도가 있다.

㉡ 또한 형평의 원칙상 상대방을 보호하기 위한 제도도 있는데, 이에는 모든 취소할 수 있는 법률행위에 적용할 수 있는 일반적 보호제도와, 제한능력자와 거래한 상대방에게만 적용하여 보호하기 위한 특유의 보호제도가 있다.

ⓐ 일반적 보호제도: 추인, 법정추인, 취소권의 단기소멸

ⓑ 제한능력자와 거래한 상대방에게만 인정되는 보호제도

• 확답의 촉구권: 선의·악의 불문하고 모든 상대방이 행사 가능

• 계약의 철회권: 선의의 상대방만이 행사 가능

• 단독행위의 거절권: 선의·악의 불문하고 모든 상대방이 행사 가능

• 제한능력자의 속임수와 취소권의 소멸

용어 보충 | **법정추인**

'법정추인'이란 객관적으로 추인이라고 인정할 만한 일정한 사실이 있는 때에, 즉 취소권자가 취소하지 않을 것 같은 행위를 상대방에게 한 경우 그 행위를 취소권자의 추인의사 유무를 묻지 않고 법률상 추인한 것으로 보는 제도를 말한다.

이렇게 출제!

01 **미성년자에 관한 설명으로 옳지 않은 것은?** (다툼이 있으면 판례에 따름)

제25회 기출

① 미성년자가 제한능력을 이유로 자신의 법률행위를 취소한 경우, 악의인 미성년자는 받은 이익에 이자를 붙여 반환해야 한다.

② 미성년자는 타인의 임의대리인이 될 수 있다.

③ 법정대리인이 범위를 정하여 처분을 허락한 재산은 미성년자가 임의로 처분할 수 있다.

④ 미성년자의 법률행위에 대한 법정대리인의 동의는 묵시적으로도 할 수 있다.

⑤ 미성년자는 법정대리인으로부터 허락을 얻은 특정한 영업에 관하여 성년자와 동일한 행위능력이 있다.

해설 일반적인 부당이득반환에 있어서는 민법 제748조에 의하여 수익자의 선의, 악의 여부에 따라 그 반환범위가 달라지게 되나, 제한능력자가 반환할 경우에는 언제나 그 행위에 의하여 받은 이익이 현존하는 한도에서만 반환하면 된다(제141조 단서).

정답 ①

(4) 부재자 제도 및 실종선고제도

① **부재자 제도**

　㉠ 의의: 종전 주소지를 떠나 당분간 돌아올 가망이 없는 자로서 재산이 관리되지 않고 방치되어 있는 자를 '부재자'라고 한다. 즉, 민법상 부재자 여부에 대한 판단은 오직 부재자의 잔류재산관리 필요성만을 기준으로 한다.

　㉡ 부재자의 재산관리

　　ⓐ 부재자에게 재산관리인 또는 법정대리인이 있는 경우: 법원은 개입하지 않는다.

　　ⓑ 부재자에게 재산관리인 또는 법정대리인이 없는 경우: 이해관계인·검사 등의 청구에 의하여 법원은 부재자의 재산관리에 필요한 처분을 명하여야 한다.

　㉢ 부재자의 재산관리제도(부재자에게 재산관리인이 없는 경우)

　　ⓐ 청구권자의 청구

　　　• 이해관계인

　　　• 검사(공익의 대표자)

　　ⓑ 가정법원의 재산관리인 선임 및 부재자의 재산 보존에 필요한 처분명령

　　ⓒ 선임된 재산관리인의 권한

　　　• 재산관리인은 관리행위(보존·이용·개량)는 할 수 있으나, 처분행위는 법원의 명령 또는 허가를 받아서 할 수 있다.

　　　• 부재자 재산처분에 대한 법원의 허가는 사후 추인형태로도 가능하다.

② **실종선고제도**

　㉠ 실종선고의 요건

　　ⓐ 실질적 요건: 부재자의 생사불명 상태가 실종기간이 경과하도록 계속되어야 한다.

　　ⓑ 실종기간

　　　• 보통실종: 최후 소식 후 5년

　　　• 특별실종: 전쟁 종료, 선박 침몰, 항공기 추락, 기타 위난의 종료 후 1년

　　ⓒ 형식적 요건: 이해관계인 또는 검사의 청구와 공시최고(6월 이상) 및 실종선고 ⇨ 1순위의 재산상속인이 있는 경우에는 후순위의 상속인은 실종선고를 청구할 수 없다.

ⓛ 실종선고의 효과
 ⓐ 실종선고를 받은 실종자는 실종기간 만료 시로 소급하여 사망한 것으로 간주되어, 재산관계의 상속 및 혼인관계가 종료된다. 부재자가 실종선고를 받기 전에는 생존으로 추정된다.
 ⓑ 실종선고를 받은 자는 종래 주소지를 중심으로 하는 민법상의 법률관계에서만 사망으로 간주된다.
 ⓒ 실종선고는 실종자의 권리능력을 박탈하는 제도는 아니므로 실종선고를 받은 자일지라도 공법상의 법률관계(선거권·피선거권의 유무, 범죄의 성립, 소송상의 당사자 능력)와 실종선고를 받은 곳이 아닌 다른 곳에서의 법률관계 및 실종선고를 받은 곳으로 돌아온 후의 법률관계에서는 사망으로 간주되지 않으므로 정상적으로 법률행위를 할 수 있다.

용어 보충

- 소급: 어떤 법률행위로 인한 법적 효력이 처음의 상태로 되돌아가 효력이 발생하거나 소멸할 때 "소급효가 발생한다."라고 한다.
- 간주: 어떤 사실에 대하여 그 사실이 진실에 부합하는지 여부와는 관계없이 그 사실을 진정한 것으로 확정을 하는 것으로, 반대 증거가 제시되어도 그 효력을 번복할 수 없고, 간주의 효력을 번복하기 위하여는 권한 있는 기관의 취소가 필요하다. '간주'는 따로 취소의 절차를 밟지 않는 한 반증만으로는 그 효과가 번복되지 않는다는 점에서 추정과 다르다.
- 추정: 특별한 사실이 발생한 경우 그 사실을 진정한 것으로 취급하여 법적인 효력을 부여하는 것으로, 반대 증거가 제시되면 그 효과를 즉시 번복하여 제시된 증거로 효력을 부여한다.

ⓒ 실종선고의 취소
 ⓐ 취소사유
  • 실종자 본인이 생존한 사실이 입증된 경우
  • 사망간주 시점과 다른 시기에 사망한 사실이 입증된 경우
  • 실종기간 기산점과 다른 시기에 생존한 사실이 입증된 경우
 ⓑ 취소청구권자: 본인, 이해관계인, 검사
 ⓒ 법원이 실종선고를 취소하면 실종선고의 효과는 소급하여 소멸한다. 다만, 실종선고가 취소된 경우에도 실종선고 후 그 취소 전에 그 상속인등이 선의로 한 법률행위는 무효로 되지 않는다.
 ⓓ 실종선고를 직접원인으로 재산을 취득한 자는 그 이익을 반환하여야 한다. 그러나 그 반환범위는 수익자의 선의 또는 악의 여부에 따라 달라진다.

- **선의**의 수익자: 현존 이익만 반환하면 된다.
- **악의**의 수익자: 모든 손해를 배상할 의무가 있다(받은 이익 + 이자 + 손해).
ⓔ 실종선고가 아닌 다른 법률상 원인(취득시효, 선의취득 등)으로 권리를 취득한 자는 실종선고 취소와 무관하게 그 취득한 권리를 반환할 필요가 없다.

용어 보충	선의와 악의

특정한 법률행위를 하는 경우, 법률행위를 하는 자가 자신의 법률행위에 위험요소가 있음에도 그러한 사정을 모르고 있는 경우를 '선의'라고 하고, 그 사정을 잘 알고 있거나 의심을 하면서 의사표시를 하는 경우를 '악의'라고 한다.

이렇게 출제!

02 부재자의 재산관리에 관한 설명으로 옳지 않은 것은? (다툼이 있으면 판례에 따름)

제27회 기출

① 법원이 선임한 재산관리인은 법정대리인이다.
② 부재자는 성질상 자연인에 한하고 법인은 해당하지 않는다.
③ 법원이 선임한 재산관리인의 권한초과행위에 대한 법원의 허가는 사후적으로 그 행위를 추인하는 방법으로는 할 수 없다.
④ 재산관리인을 정한 부재자의 생사가 분명하지 아니한 경우, 그 재산관리인이 권한을 넘는 행위를 할 때에는 법원의 허가를 얻어야 한다.
⑤ 법원의 부재자 재산관리인 선임 결정이 취소된 경우, 그 취소의 효력은 장래에 향하여만 생긴다.

해설 법원이 선임한 재산관리인의 권한초과행위에 대한 법원의 허가는 사후적으로 그 행위를 추인하는 방법으로도 할 수 있다.

정답 ③

---

2. 법인

(1) 법인의 성립

① **비영리사단법인의 설립**
　　㉠ 설립행위: 정관작성 + 기명날인 ⇨ 합동행위설(다수설) + 요식행위
　　㉡ 주무관청의 허가: 법인의 목적이 2개 이상의 행정관청의 소관사항인 때에는 각 관청의 허가를 모두 얻어야 한다(다수설).
　　㉢ 설립등기: 주사무소 소재지 관할 등기소

② **재단법인의 설립**
　　㉠ 설립행위: 재산의 출연 + 정관작성 + 기명날인
　　㉡ 설립등기: 주사무소 소재지 관할 등기소

③ **법인 등기의 유형과 효력**
　　㉠ 법인의 설립 등기는 성립요건이고, 그 밖의 모든 등기는 제3자에 대한 대항요건이다.
　　㉡ 법인이 이사의 대표권을 제한한 경우, 이를 정관에 기재해야 대표권 제한의 효력이 발생하고, 그 제한사항을 등기해야 제3자(선악 불문)에게 대항할 수 있다.

(2) 법인의 불법행위능력(제35조)

① **민법의 규정 및 성질**: 법인은 이사 기타 대표자가 그 직무에 관하여 타인에게 가한 손해를 배상할 책임이 있다(제35조 제1항).

② **법인의 불법행위책임의 요건**
　　㉠ 대표기관의 행위
　　　　ⓐ 이사·청산인 등과 같은 대표기관의 행위에 불법행위가 발생할 것
　　　　ⓑ 대표기관이 아닌 사원총회와 감사, 이사가 선임한 대리인(복대리인−임의대리인), 대표권 없는 이사 등의 행위에 관하여는 법인의 불법행위가 성립하지 않으나 사용자 배상책임은 성립할 수 있다.
　　㉡ 직무에 관한 행위일 것: 불법행위가 직무관련성이 있는지 여부는 대표기관의 직무집행행위 이와 견련관계 있는 모든 행위를 포함한다(외형이론 적용).
　　㉢ 제3자에게 손해가 발생할 것: 직무관련행위에 관하여 제3자에게 악의 또는 중과실이 있으면 법인은 불법행위책임을 지지 않는다.

③ **불법행위의 효과**
　　㉠ 법인은 피해자에게 손해배상책임을 진다(무과실책임). ⇨ 법인의 불법행위가 성립하면 법인의 사용자책임은 성립하지 않는다.

ⓛ 법인의 불법행위책임이 성립하는 경우에도 대표기관은 개인적 책임을 면하지 못한다. ⇨ 부진정 연대책임

ⓒ **구상권**: 제3자에게 손해를 배상한 경우 법인은 선관주의의무 위반을 이유로 대표자에게 구상권을 행사할 수 있다.

용어 보충

- 무과실책임: 손해를 발생시킨 특정인에게 고의나 과실 여부와 상관없이 법률상 손해배상책임을 부과하는 것으로서 우리 민법에서 중요한 법리이다.
- 사용자책임: 특정한 행위를 직접 하지 않고 타인(피용자)을 사용하여 법률행위를 하는 자(사용자 – 사장 또는 법인)는 피용자(일반적으로 근로자)가 그 법률행위를 하는 과정에서 제3자에게 불법행위를 가했고, 이로 인하여 제3자에게 손해가 발생한 경우 그 손해를 배상할 책임이 있다. 이를 '사용자책임'이라고 한다.
- 구상권: 채무는 채무자가 채권자에게 변제하는 것이 원칙이나, 다른 사람이 대신 변제해야 하는 경우가 있다. 이때 채무를 대신 변제해 준 사람이 채권자를 대신하여 채무당사자에게 반환을 청구할 수 있는 권리를 '구상권'이라고 한다.

이렇게 출제!

03 민법상 법인의 불법행위능력에 관한 설명으로 옳지 않은 것은? (다툼이 있으면 판례에 따름)

제21회 기출

① 청산인은 법인의 대표기관이 아니므로 그 직무에 관하여는 법인의 불법행위가 성립하지 않는다.

② 법인의 대표자가 직무에 관하여 타인에게 불법행위를 한 경우, 사용자책임에 관한 민법 규정이 적용되지 않는다.

③ 법인의 대표자가 직무에 관하여 타인에게 불법행위를 한 경우, 그 법인은 불법행위로 인한 손해를 배상할 책임을 진다.

④ 비법인사단 대표자의 행위가 직무에 관한 행위에 해당하지 않음을 피해자가 중대한 과실로 알지 못한 경우에는 비법인사단에게 손해배상책임을 물을 수 없다.

⑤ 법인의 목적범위 외의 행위로 인하여 타인에게 손해를 가한 때에는 그 사항의 의결에 찬성하거나 그 의결을 집행한 사원, 이사 및 기타 대표자가 연대하여 배상해야 한다.

해설 청산인도 청산법인의 대표기관이므로 청산인이 직무 관련 불법행위를 한 경우에는 법인의 불법행위가 성립한다.

정답 ①

(3) 법인의 소멸 ⇨ 해산 및 청산

  ① **법인의 해산**

    ㉠ 의의: '법인의 해산'이란 법인의 권리능력이 소멸하는 것으로서 그 절차에 관한 민법 규정은 강행규정이다.

    ㉡ 해산 사유

      ⓐ **사단법인·재단법인 공통 해산 사유**

        • 목적의 달성 또는 달성불능

        • 파산

        • 존립기간 만료

        • 설립허가의 취소

        • 정관으로 정한 해산 사유 발생

      ⓑ **사단법인 특유의 해산 사유**

        • 사원이 하나도 없게 된 때

        • 사원총회에서 임의 해산결의를 한 때(총사원 3/4 이상의 동의)

  ② **법인의 청산**

    ㉠ **청산법인의 능력**: 청산법인은 청산의 목적범위 내에서만 권리를 가지고 의무를 부담한다.

    ㉡ **청산법인의 기관**

      ⓐ 청산인이 청산법인의 집행기관이 된다.

      ⓑ **청산인이 되는 자**: 정관에서 정한 자 또는 사원총회에서 선임 → 해산 당시의 이사 → 법원의 선임. 다만, 파산의 경우에는 파산관재인이 파산사무를 관장한다.

    ㉢ **청산사무**: 해산등기와 신고, 현존사무의 종결, 채권의 추심, 채무의 변제

  ③ **법인의 소멸**

    ㉠ **소멸시기**: 청산사무가 사실상 종결된 때

    ㉡ **청산종결등기**: 청산법인의 제3자에 대한 대항요건일 뿐, 법인의 소멸요건은 아니므로, 청산종결등기가 경료된 경우에도 청산사무가 사실상 종료되지 않았다면 법인은 소멸하지 않는다.

04 민법상 비영리법인에 관한 설명으로 옳지 않은 것은? (다툼이 있으면 판례에 따름)

제27회 기출

① 법인은 법률의 규정에 의함이 아니면 성립하지 못한다.

② 감사의 임면에 관한 규정은 정관의 필요적 기재사항이므로 감사의 성명과 주소는 법인의 등기사항이다.

③ 법인과 이사의 이익이 상반하는 사항에 관하여는 그 이사는 대표권이 없다.

④ 사단법인의 사원의 지위는 정관에 별도의 정함이 있으면 상속될 수 있다.

⑤ 재단법인의 목적을 달성할 수 없는 경우, 설립자는 주무관청의 허가를 얻어 설립의 취지를 참작하여 그 목적에 관한 정관규정을 변경할 수 있다.

해설 감사의 임면에 관한 규정은 정관의 필요적 기재사항이 아니고, 감사의 성명과 주소는 법인의 등기사항에도 해당하지 않는다.

정답 ②

3. 비법인사단(권리능력 없는 사단)

(1) 의의

① 설립행위만 갖춘 상태이거나, 설립허가까지는 받았으나 설립등기를 하지 않아서 법인 등기부를 갖추지 못한 사단을 말한다.

② 종중, 교회, 입주자 대표회의, 노조, 주택조합 등이 비법인사단에 해당한다.

(2) 재산소유

총유(채무도 총유적으로 귀속됨)

(3) 비법인사단의 권리·의무에 관하여 등기할 것을 전제로 하는 것을 제외하고는 사단법인에 관한 모든 내용이 준용된다.

2 권리의 객체

1. 물건

> **제98조【물건의 정의】** 본법에서 물건이라 함은 유체물 및 전기 기타 관리할 수 있는 자연력을 말한다.

(1) 권리의 객체

① **의의**: '권리의 객체'란 권리행사의 대상을 말하고, 권리의 종류에 따라 그 객체가 다양하게 존재하지만 민법총칙에서는 물건에 관하여만 규정하고 있다.

② 자연력뿐만 아니라 유체물 및 전기도 관리가 가능한 경우에 한하여 권리의 객체인 물건으로 할 수 있다.

(2) 인체 혹은 인체의 일부가 아닐 것

사람은 언제나 권리의 주체이며 사람의 신체 및 신체의 일부는 물건이 아니다. 다만, 사체·유골은 그 물건성을 제한적으로 인정하여, 오직 수호와 봉사의 객체로서 제사를 주재하는 자의 특수소유권의 객체로서 유체물로 본다.

2. 부동산과 동산

> **제99조【부동산, 동산】** ① 토지 및 그 정착물은 부동산이다.
> ② 부동산 이외의 물건은 동산이다.

(1) 토지

① 토지의 소유권은 정당한 이익 있는 범위 내에서 토지의 상하에 미친다.

② 토지 일부에 용익물권을 설정할 수는 있으나, 담보물권을 설정할 수는 없다.

(2) 토지의 정착물 중 토지와 별개의 독립한 부동산이 되는 것

① 건물

㉠ 최소한 지붕과 기둥 및 주벽을 갖추고 있어야 한다. 그러므로 건물공사가 중단되어 독립된 건물이 되기 전의 토지의 정착물은 토지에 부합하여 토지의 일부로 취급한다.

㉡ 사회통념상 건물로서 사적 거래의 객체일 것을 요한다.

② 수목 또는 수목의 집단
　　㉠ 원칙: 명인방법(관습법상 소유권의 공시방법)이나 입목등기가 없는 경우에는 언제나 토지의 부합물이다.
　　㉡ 예외: 토지와 별개의 물건으로서 부동산으로 취급되는 토지의 정착물
　　　　ⓐ 「입목에 관한 법률」에 의하여 등기된 입목: 소유권뿐만 아니라 저당권의 객체가 된다.
　　　　ⓑ 명인방법에 의해 공시된 수목의 집단 및 미분리 과실에 대해서는 소유권이 성립할 수 있다.

용어 보충	명인방법

토지에 정착하여 붙어 있는 모든 것들은 원칙적으로 토지의 일부로 보아야 한다. 그러나 토지의 구성부분인 지상물이 토지소유권으로부터 분리되어 타인에게 귀속된 경우에는 그 사실을 제3자가 명백하게 인식할 수 있도록 하는 방법이 필요한데, 그 상당한 방법을 모두 '명인방법'이라고 한다.

③ **농작물**: 정당한 권원 유무, 명인방법 유무를 불문하고 수확기에 있는 농작물은 언제나 경작자의 소유가 된다.
④ **미분리 과실**: 명인방법이 있으면 토지와 별개의 물건으로 취급된다.
⑤ **미채굴 광물**: 국유로서 광업권 허가의 대상이다.

(3) 동산
부동산 이외의 물건은 모두 다 동산이다(전기·기타 관리할 수 있는 자연력 등).

3. 주물과 종물

제100조【주물, 종물】 ① 물건의 소유자가 그 물건의 상용에 공하기 위하여 자기소유인 다른 물건을 이에 부속하게 한 때에는 그 부속물은 종물이다.
② 종물은 주물의 처분에 따른다.

(1) 종물의 요건
① 주물의 상용에 공하는 것일 것 ⇨ 주물 자체의 효용 증진을 위한 것이 아니라, 주물의 소유자나 사용자의 편익을 위한 물건은 종물이 아니다.
② 독립한 물건일 것 ⇨ 부동산·동산 모두 종물이 될 수 있지만, 종물은 반드시 주물과 독립된 물건이어야 한다.
③ 장소적으로 주물과 밀접한 관계에 있을 것
④ 주물·종물 모두 동일한 소유자에게 속할 것

(2) 종물의 효과

① 종물은 주물의 처분에 따른다(제100조 제2항, 임의규정).

② 주물·종물에 관한 민법 제100조 제2항은 권리 상호간에도 유추적용된다.

⇨ 타인의 토지에 있는 건물에 저당권이 설정된 경우, 그 저당권의 효력은 건물뿐
아니라 그 건물 소유를 목적으로 하는 토지에 대한 권리인 임차권 또는 지상권에
도 미친다.

이렇게 출제!

05 물건에 관한 설명으로 옳지 않은 것은? (다툼이 있으면 판례에 따름)

제27회 기출

① 권리의 객체는 물건에 한정된다.

② 사람은 재산권의 객체가 될 수 없으나, 사람의 일정한 행위는 재산권의 객체가
될 수 있다.

③ 사람의 유체·유골은 매장·관리·제사·공양의 대상이 될 수 있는 유체물로서,
분묘에 안치되어 있는 선조의 유체·유골은 그 제사주재자에게 승계된다.

④ 반려동물은 민법 규정의 해석상 물건에 해당한다.

⑤ 자연력도 물건이 될 수 있으나, 배타적 지배를 할 수 있는 등 관리할 수 있어야
한다.

해설 권리의 객체는 물건뿐만 아니라, 일정한 권리도 포함된다. 즉, 지상권이나 전세권도 저당권의
객체가 될 수 있다.

정답 ①

---

4. 원물과 과실

(1) 의의

물건으로부터 생기는 경제적 수익을 '과실'이라 하고, 과실이 생기게 하는 물건을 '원
물'이라 하며, 민법상 원물과 과실은 모두 물건인 경우에만 인정한다.

(2) 과실의 종류

① **천연과실**

㉠ 물건의 용법에 의하여 수취하는 산출물을 의미한다.

㉡ **천연과실의 취득권자**: 원물로부터 분리하는 때에 수취할 권리자에게 속한다
(임의규정).

ⓐ 원물의 소유자

ⓑ 선의의 점유자 및 정당한 권원에 의한 사용권자(지상권자·전세권자·질권
자·목적물 인도 전의 매도인·사용차주·임차인) 등

② **법정과실**

　㉠ 물건의 사용대가로 받은 금전 기타 물건을 의미한다.

　㉡ 차임·토지의 사용료(지료)·원본채권의 이자는 법정과실이지만, 지연이자(손해배상의 내용)나 권리의 과실(주식배당금, 저작권료, 특허권료), 근로자의 임금은 과실이 아니다. ⇨ 원물과 과실 모두 독립한 물건이어야 한다.

　㉢ 법정과실은 수취할 권리의 존속기간일수 비율로 취득한다(임의규정).

중요 개념 확인하기!

❶ 태아 乙의 출생 전에 甲의 불법행위로 乙의 父가 사망한 경우, 출생한 乙은 甲에 대하여 父의 사망에 따른 자신의 정신적 손해에 대한 배상을 청구할 수 있다.	○	×
❷ 피성년후견인이 성년후견인의 동의를 얻어서 한 부동산 매도행위는 특별한 사정이 없는 한 취소할 수 있다.	○	×
❸ 부재자의 후순위 재산상속인은 선순위 재산상속인이 있는 경우에도 실종선고를 청구할 수 있다.	○	×
❹ 외형상 법인의 대표기관의 직무관련 행위가 개인적 이익을 위한 행위 또는 법령을 위반한 행위인 경우에도 직무관련성을 인정한다.	○	×
❺ 원칙적으로 주물과 별도로 종물만을 처분할 수 있다.	○	×
❻ 어떤 법률행위로 인한 법적 효력이 처음의 상태로 되돌아가 효력이 발생하거나 소멸할 때 "(　　　　)이(가) 발생한다."라고 한다.		
❼ 채무를 대신 변제해 준 사람이 채권자를 대신하여 채무당사자에게 반환을 청구할 수 있는 권리를 (　　　　)(이)라고 한다.		

① ○　② ○　③ × 선순위 상속인이 있으면 후순위 상속인은 실종선고를 청구할 수 있는 이해관계인이 아니다.
④ ○　⑤ ○　⑥ 소급효　⑦ 구상권

03 권리의 변동과 그 원인

✅ 이 단원에서는 권리변동의 원인으로서의 법률관계 및 법률요건을 이해하고, 법률행위와 그 분류방식, 법률행위의 구성요소로서 의사표시와 대리행위를 이해해야 합니다. 또한 법률행위의 효과와 관련된 부관, 법률행위의 무효와 취소를 파악하시기 바랍니다. 기간과 소멸시효에서는 기간을 계산하는 방법을 숙지하고, 소멸시효에 걸리는 권리 및 그 시효의 기산점·만료점과 시효완성의 효과를 이해해야 합니다.

CHAPTER 한눈에 보기

1 권리의 변동과 법률요건

· 권리변동의 원인으로서의 법률관계와 법률요건 이해하기

2 법률행위와 의사표시

· 법률행위, 의사표시, 대리 구분하기
· 무효와 취소, 부관(조건과 기한) 이해하기

🔍 용어 CHECK

· 급부약정   · 경업금지 약정
· 사행적인 행위   · 궁박
· 불법원인급여   · 통정허위표시
· 격지자   · 현명
· 무권대리   · 표현대리
· 최고   · 제척기간
· 부관

3 기간의 계산

· 기간 계산 · 역산하기

4 소멸시효

· 소멸시효의 기산점 · 만료점, 시효완성의 효과 이해하기

🔍 용어 CHECK

· 갱신
· 원용

발문 미리보기

· 반사회적 행위에 관한 설명으로 옳은 것은?

· 법률행위 및 의사표시의 효력에 관한 설명으로 옳은 것은?

· 조건 및 기한에 관한 설명으로 옳지 않은 것은?

· 소멸시효에 관한 설명으로 옳은 것은?

| POINT | 반사회적 행위의 유형과 반사회적 행위가 아니라는 취지의 판례에 대해 집중학습해야 합니다. 의사표시는 5가지 유형의 비정상적인 의사표시의 공통적 효과에 관하여 완전히 숙지해야 합니다. 무권대리의 효과 및 3가지 유형의 표현대리의 공통적 효과에 관하여 반드시 1문제가 출제됩니다. 무효와 취소, 조건 및 기한은 그 효과를 중심으로 1문제 이상씩 출제됩니다. 소멸시효는 중단 및 정지, 소멸시효 완성의 효과가 주로 출제됩니다.

1 권리의 변동과 법률요건

1. 권리의 변동

(1) 의의
'권리의 변동'이란 권리의 발생·변경·소멸을 말한다.

(2) 법률요건(권리변동의 원인)
권리변동의 원인을 '법률요건'이라 하고, 그 법률요건에는 법률행위와 법률행위가 아닌 원인 두 가지가 있다.

2. 법률관계와 법률요건

(1) 법률관계
① '법률관계'란 법률사실에 의하여 법률요건이 갖추어지면 그 효과에 의하여 권리와 의무가 발생·변경·소멸하는 관계를 말한다.
ㄱ 법률사실: 법률요건을 이루고 있는 세부적인 구성요소들을 말한다.
ㄴ 법률요건: 권리변동이 생기게 하는 법률적인 원인을 말한다.
ㄷ 법률효과: 법률요건에 의하여 나타난 결과를 말한다. ➡ 권리의 변동
② 결론적으로, 법률관계는 권리와 의무의 관계라 할 수 있다.

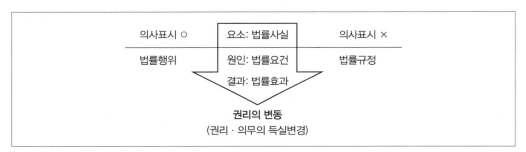

(2) 법률요건
① 법률행위
② 법률행위가 아닌 원인(법률규정)

2 법률행위와 의사표시

1. 법률행위

(1) 의의

'법률행위'는 하나 또는 수개의 의사표시를 필수불가결의 요소로 하는 권리변동의 원인으로서 법률요건 중의 하나이다.

(2) 법률행위의 요건

① **성립요건**(하나라도 흠결이 있으면 법률행위는 불성립·부존재)

일반적 성립요건	당사자·목적·의사표시 모두가 존재할 것
특별 성립요건	요물계약에서 물건의 인도, 요식행위에서 방식의 구비, 혼인에 있어서 신고 등

② **효력**(유효)**요건**

　㉠ 일반적 효력(유효)요건

　　ⓐ 당사자가 능력자일 것: 권리능력, 의사능력, 행위능력

　　ⓑ 법률행위 목적: 확정성, 가능성, 적법성, 사회적 타당성을 갖출 것

　　ⓒ 의사표시: 의사와 표시의 일치, 의사표시에 하자가 없을 것

　㉡ 특별효력(유효)요건

　　ⓐ 대리행위에 있어서 대리권의 존재

　　ⓑ 정지조건부·기한(시기)부 법률행위에 있어서 조건의 성취·기한의 도래

　　ⓒ 토지거래 허가구역 내 토지거래에 있어서 허가

(3) 법률행위의 목적

① **의의**: '법률행위의 목적'은 행위자가 법률행위에 의하여 달성하려고 하는 법률효과를 말한다. 법률행위의 목적이란 법률행위의 내용을 의미하고, 다른 말로 의사표시의 구체적인 내용을 말한다.

② **법률행위 목적의 효력발생 요건**

　㉠ **확정성**: 법률행위가 효력이 발생하기 위해서는 그 목적을 확정할 수 있어야 한다.

　㉡ **가능성**: 법률행위의 목적이 이행가능해야 효력이 발생한다. 법률행위 목적의 이행이 가능 또는 불능함은 사회통념에 따라 판단한다.

　㉢ **적법성**: 법률행위의 목적이 적법하다는 것은 강행법규에 위반되지 않았음을 의미한다.

　㉣ **사회적 타당성**: 법률행위의 목적이 사회적 타당성을 갖추었다는 것은 사회의 구성원들로부터 동의 내지 공감대를 형성하고 있음을 의미한다.

(4) 법률행위 목적의 사회적 타당성

① 제103조

> **제103조【반사회질서의 법률행위】** 선량한 풍속 기타 사회질서에 위반한 사항을 내용으로 하는 법률행위는 무효로 한다.

② 사회질서 위반으로 무효인 행위

  ㉠ 정의 관념에 반하는 행위

    ⓐ 범죄행위를 하지 않는 조건의 급부약정, 허위증언의 대가약정은 무효이다.

    ⓑ 제2매수인이 적극 가담한 이중매매에서 제2매매 계약은 무효이다.

    ⓒ 민사사건과 달리 형사사건에 대한 변호사의 성공보수 약정은 무효이다.

> **용어 보충 　급부약정**
>
> 채무자가 채권자에게 채무의 내용을 구체화하여 이행하는 행위 자체를 '급부'라고 한다. 급부는 채권의 목적이라고 할 수 있으며, 급부에 대한 대가를 '반대급부'라고 한다. 그러한 급부를 사실상 하기로 하는 채권자와 채무자의 약속을 '급부약정'이라 한다.

  ㉡ 개인의 자유를 극도로 제한하는 행위

    ⓐ 근로자에게 퇴사 후 동일업종 또는 유사업종에 영원히 종사하지 않을 것을 강요하는 과도한 경업의 제한(경업금지 약정)은 무효이다.

    ⓑ 단, 해외연수 후 일정 기간 근무해야 한다는 사규나 근로계약은 유효이다.

> **용어 보충 　경업금지 약정**
>
> 어떤 기업에서 근무하던 근로자가 자신의 근무 중에 알게 된 여러 가지 내용을 이용하여 경쟁업체에 취업하거나 스스로 경쟁업체를 설립·운영하는 등의 행위를 하지 않을 것을 내용으로 하는 약정이다.

  ㉢ 인륜에 반하는 행위

    ⓐ 첩계약과 이에 관련된 모든 약정은 무효이다.

    ⓑ 단, 첩관계 단절조건의 양육비·위자료 등 급부약정 등은 무효가 아니다.

  ㉣ 생존의 기초가 되는 재산의 처분행위는 무효이다.

  ㉤ 사행적인 행위

    ⓐ 도박자금을 대여하는 행위 및 그 도박자금 변제를 위한 담보를 제공하기로 하는 약정은 모두 무효이다.

    ⓑ 단, 도박채권자에게 도박채무의 변제를 목적으로 제공한 부동산 처분의 대리권을 수여하는 행위는 무효가 아니다.

사행행위

종류·명목·방법 등을 가리지 않고 타인으로부터 금품을 모아 우연적으로 특정인에게 재산상 이익을 제공하고 다른 참가자에게 손실을 미치는 행위를 '사행행위'라 한다.

ⓑ **폭리행위**(제104조 불공정한 법률행위)

제104조【불공정한 법률행위】 당사자의 궁박, 경솔 또는 무경험으로 인하여 현저하게 공정을 잃은 법률행위는 무효로 한다.

ⓐ 성립요건
- 당사자간 급부와 반대급부의 객관적 가치의 현저한 불균형이 있을 것
- 주관적으로 그 불균형이 피해자의 궁박이나 경솔 또는 무경험에서 발생했을 것
- 상대방은 피해자의 주관적 요건을 알고, 이를 이용하려는 폭리의 악의가 있었을 것

궁박

급박한 곤궁, 갑자기 발생한 피할 수 없는 곤란한 상황을 말한다. 그 원인으로는 경제적·신체적·정신적인 것이 모두 포함된다.

ⓑ 폭리행위는 불법의 원인이 수익자에게만 있으므로 수익자는 그 이익의 반환을 청구할 수 없으나, 피해자는 반환을 청구할 수 있다.

ⓐ **동기의 불법**
ⓐ 의의: 법률행위의 내용은 사회질서에 위반하지 않으나, 법률행위의 동기가 사회질서에 반하는 경우를 말한다.
ⓑ 불법의 동기가 표시된 경우, 또는 상대방에게 알려진 동기가 사회질서를 위반하여 불법인 경우는 무효로 한다.

③ **반사회질서행위의 효과**
㉠ 절대적 무효: 이행 전이면 이행할 필요가 없고, 이행 후에는 불법원인급여가 되어 그 이익의 반환을 청구할 수 없다.

불법원인급여

민법상 반사회적 행위를 원인으로 한 재산 또는 서비스, 노무 등을 제공하는 것을 불법원인급여라고 하는데, 불법원인급여를 한 사람은 이를 돌려달라고 요구할 수 없다.

ⓛ 불법원인급여의 문제(제746조)

> **제746조 【불법원인급여】** 불법의 원인으로 인하여 재산을 급여하거나 노무를 제공한 때에는 그 이익의 반환을 청구하지 못한다. 그러나 그 불법원인이 수익자에게만 있는 때에는 그러하지 아니하다.

이렇게 출제!

01 사회질서에 반하는 법률행위에 해당하지 않는 것은? (다툼이 있으면 판례에 따름)

제26회 기출

① 형사사건에서 변호사가 성공보수금을 약정한 경우
② 변호사 아닌 자가 승소를 조건으로 소송의뢰인으로부터 소송물 일부를 양도받기로 약정한 경우
③ 당초부터 오로지 보험사고를 가장하여 보험금을 취득할 목적으로 생명보험계약을 체결한 경우
④ 증인이 사실을 증언하는 조건으로 그 소송의 일방 당사자로부터 통상적으로 용인될 수 있는 수준을 넘어서는 대가를 지급받기로 약정한 경우
⑤ 양도소득세의 일부를 회피할 목적으로 계약서에 실제로 거래한 가액보다 낮은 금액을 대금으로 기재하여 매매계약을 체결한 경우

해설 양도소득세의 일부를 회피할 목적으로 계약서에 실제로 거래한 가액보다 낮은 금액을 대금으로 기재하여 매매계약을 체결한 경우는 반사회적 행위라 할 수 없다.

정답 ⑤

2. 의사표시

(1) 의의

① **법률행위와 의사표시**: 법률행위가 성립하여 효력이 발생하기 위해서는 의사표시가 있어야 하고, 그 의사표시는 정상적인 것이어야 한다.
② '정상적인 의사표시'란 의사와 표시가 일치하고 의사표시에 하자가 없는 것을 말한다.

(2) 비정상적인 의사표시의 유형

① 의사와 표시의 불일치

㉠ 진의 아닌 의사표시(비진의표시)

ⓐ 의의: 의사표시를 하는 자가 자신의 의사와 표시가 일치하지 않는다는 것을 그 스스로 잘 알면서 하는 의사표시를 말한다.

ⓑ 진의 아닌 의사표시는 표의자가 알고 한 것이기 때문에 표시한 대로 법률효과가 발생한다. 즉, 유효가 원칙이다. 다만, 의사와 표시의 불일치를 상대방이 알았거나 알 수 있었다면 이를 무효로 한다.

ⓒ 진의 아닌 의사표시에서 말하는 '진의'란 특정한 내용으로 의사표시를 하고자 하는 표의자의 생각을 말하는 것이지, 표의자가 진정 마음속으로 바라는 사항은 아니라는 것이 판례의 태도이다.

㉡ 통정한 허위의 의사표시

ⓐ 의의: 의사표시자가 자신의 의사와 표시의 불일치를 알고 있을 뿐만 아니라 이에 대하여 상대방과 미리 협의가 이루어진 상태의 의사표시를 말한다.

ⓑ 통정허위표시는 당사자간에는 언제나 무효이나, 그 행위를 반사회적 행위로 보지는 않는다. 따라서 불법원인급여에 해당하지 않으므로 급여자는 그 이익의 반환을 청구할 수 있다.

ⓒ 통정허위표시와 유사한 행위에는 은닉행위와 신탁행위가 있다.

> **용어 보충** **통정허위표시**
>
> 법률행위를 하는 두 당사자가 서로 합의하여 진실이 아닌 허위로 의사표시를 하는 것을 말한다. 이렇게 서로 짜고 한 허위의 의사표시는 무효이다.

㉢ 착오에 의한 의사표시

ⓐ 의의: 의사표시를 할 때 표의자가 자신의 의사와 표시가 일치하지 않는다는 사실을 모르고 하는 의사표시를 말한다.

ⓑ 착오에 의한 의사표시는 일단은 유효이나, 그 착오가 의사표시 내용의 중요부분에 관한 것인 경우에는 취소할 수 있다. 그러나 그 착오가 표의자의 중대한 과실로 인하여 발생한 것일 때에는 취소할 수 없다.

02 착오에 의한 의사표시에 관한 설명으로 옳지 않은 것은? (다툼이 있으면 판례에 따름)

제26회 기출

① 매도인이 매매계약을 적법하게 해제한 경우, 매수인은 착오를 이유로 그 계약을 취소할 수 없다.

② 착오로 인하여 표의자가 경제적인 불이익을 입은 것이 아니라면 이를 법률행위 내용의 중요부분의 착오라고 할 수 없다.

③ 상대방이 표의자의 착오를 알면서 이를 이용한 경우, 표의자는 자신에게 중대한 과실이 있더라도 그 의사표시를 취소할 수 있다.

④ 출연재산이 재단법인의 기본재산인지 여부는 착오에 의한 출연행위의 취소에 영향을 주지 않는다.

⑤ 표의자에게 중대한 과실이 있는지 여부에 관한 증명책임은 그 의사표시를 취소하게 하지 않으려는 상대방에게 있다.

해설 매도인이 매수인의 중도금 지급채무불이행을 이유로 매매계약을 적법하게 해제한 후라도 매수인으로서는 상대방이 한 계약해제의 효과로서 발생하는 손해배상책임을 지거나 매매계약에 따른 계약금의 반환을 받을 수 없는 불이익을 면하기 위하여 착오를 이유로 한 취소권을 행사하여 위 매매계약 전체를 무효로 돌리게 할 수 있다(91다11308).

정답 ①

② **사기나 강박에 의한 의사표시**(하자 있는 의사표시)

　㉠ 사기나 강박에 의한 의사표시는 표의자의 의사와 표시가 일치했으나 표의자가 의사결정과정에 사기·강박 등 외부의 부당한 간섭에 의하여 잘못된 의사결정을 했고 그대로 표시까지 된 것을 말한다.

　㉡ 사기나 강박에 의한 의사표시는 표시한 대로 효력이 발생하지만 추후에 표의자가 일정한 요건하에서 취소할 수 있다. 그 취소의 요건은 사기나 강박을 한 자가 누구인가에 따라 다르다.

(3) 의사표시의 효력발생 시기

① **도달주의**

　㉠ 상대방 있는 의사표시는 상대방에게 도달한 때에 그 효력이 발생한다.

　㉡ '도달'이란 상대방의 지배하에 들어가서 상대방이 알 수 있는 객관적 상태가 된 것을 의미한다.

ⓒ 우편송달의 경우
  ⓐ 등기나 내용증명우편은 발송되고 반송되지 않았다면 그 무렵에 도달이 추정되지만, 보통우편의 경우 발송되고 반송되지 않았다고 하여 도달이 추정되지는 않는다.
  ⓑ 상대방이 특별한 사정 없이 우편물의 수령을 거절한 경우에도 상대방이 그 내용을 알 수 있는 객관적 상태가 된 때 도달한 것으로 보아야 한다.
② **발신주의**: 격지자 간의 계약에 있어 격지자 승낙에 의한 계약의 성립 시기를 포함하여 예외적으로 발신주의에 의하여 효력이 발생하는 경우도 있다.

용어 보충	격지자

의사표시자가 의사표시를 발신하면 그것이 상대방에게 도달하기까지 다소의 시간이 소요되는 자를 '격지자'라고 한다.

이렇게 출제!

03 의사표시의 효력발생에 관한 설명으로 옳은 것은? (다툼이 있으면 판례에 따름)

제26회 기출

① 격지자 간의 계약은 승낙의 통지가 도달한 때 성립한다.
② 사원총회의 소집은 특별한 사정이 없는 한 1주간 전에 그 통지가 도달하여야 한다.
③ 표의자가 의사표시를 발신한 후 사망하더라도 그 의사표시의 효력에는 영향을 미치지 아니한다.
④ 의사표시를 보통우편으로 발송한 경우, 그 우편이 반송되지 않는 한 의사표시는 도달된 것으로 추정된다.
⑤ 의사표시가 상대방에게 도달한 후에도 상대방이 이를 알기 전이라면 특별한 사정이 없는 한 그 의사표시를 철회할 수 있다.

해설 │ 표의자가 그 통지를 발한 후 사망하거나 행위능력을 상실하여도 의사표시의 효력에 영향을 미치지 아니한다(제111조 제2항).
① 격지자 간의 계약은 승낙의 통지를 발송한 때 성립한다.
② 총회의 소집은 1주간 전에 그 회의의 목적사항을 기재한 통지를 발하고 기타 정관에 정한 방법에 의하여야 한다(제71조).
④ 내용증명우편이나 등기우편과는 달리, 보통우편의 방법으로 발송되었다는 사실만으로는 그 우편물이 상당한 기간 내에 도달하였다고 추정할 수 없고, 송달의 효력을 주장하는 측에서 증거에 의하여 이를 입증하여야 한다(2007두20140).
⑤ 의사표시가 상대방에게 도달한 경우, 그로써 효력이 발생하는 것이므로 이후 그 상대방이 이를 알기 전이라도 특별한 사정이 없는 한 그 의사표시를 철회할 수 없다.

정답 ③

3. 법률행위의 대리

(1) 의의

① '법률행위의 대리'란 법률행위는 당사자가 직접 하는 것이 가장 좋지만 당사자가 직접 하지 못할 경우도 있으므로, 다른 사람(대리인)으로 하여금 대신 법률행위를 하도록 시키고 그 효과는 본인에게 직접 귀속시키는 제도를 말한다.

② 즉, 법률행위를 함에 있어서 필요한 의사결정 및 그 표시는 대리인이 모두 결정하고 표시까지 하지만, 그에 따른 결과로서 법률효과는 모두 본인에게 귀속되게 하는 것을 말한다.

(2) 대리권

① '대리권'은 다른 사람을 위해 특정한 행위를 할 수 있는 지위 내지 자격을 말한다. 즉, 대리인이 본인을 위하여 제3자와 법률행위를 할 수 있는 지위 내지 자격을 말한다.

② 대리권의 발생 원인에는 법률규정(법정대리) 또는 수권행위(임의대리)가 있다.

(3) 대리행위

① **의의**: '대리행위'는 대리인이 하는 법률행위로서, 그 효과로서 권리의 변동은 대리행위를 한 대리인이 아닌 대리행위를 시킨 본인에게 귀속된다. 그러므로 대리행위 시에 대리인은 대리행위임을 표시해야 하는데, 이를 현명(顯名)이라고 한다.

㉠ 현명: 법률행위 시 대리인이 그 법률행위는 '본인을 위한 것' 즉, 대리행위임을 표시하는 것을 말하며, 이는 불요식행위이므로 그 방식에는 제한이 없다.

㉡ "본인을 위한다."의 의미는 법률효과를 본인에게 귀속시킨다는 의미이지 본인의 이익을 위한다는 의미는 아니다.

② **대리인이 법률행위를 하면서 '현명'하지 않은 경우 그 효과**

㉠ 대리인 자신을 위한 법률행위를 한 것으로 본다. 이 경우 대리인은 자신을 위하여 법률행위를 할 의사가 없었음을 이유로 착오를 주장하여 취소할 수 없다.

㉡ 다만, 현명하지 아니한 경우에도 상대방이 대리인으로서 한 행위임을 알았거나 알 수 있었다면 그 행위는 대리행위로서 본인에게 그 효과가 귀속된다.

③ **복대리**

㉠ 복대리인은 본인의 대리인이다. 즉, 복대리인은 대리인이 자신의 이름으로 선임한 본인의 대리인이다.

㉡ 대리인이 복대리인을 선임하는 행위, 즉 복임행위는 대리행위가 아니라 일종의 수권(授權)행위이다.

ⓒ 복대리인의 지위 ⇨ 복대리권은 대리권을 초과할 수 없다.
ⓐ 상대방과의 관계: 대리인과 동일한 권리·의무가 있다.
ⓑ 대리인과의 관계: 대리인의 지휘·감독을 받고, 대리인의 대리권 범위 내에서 대리권이 인정되며, 대리인의 대리권이 소멸하면 복대리권도 소멸한다.
ⓒ 본인과의 관계: 본인에 대하여 대리인과 동일한 권리·의무가 있다.

(4) 무권대리

① 의의
㉠ 대리권 없는 자가 타인의 대리인의 지위에서 제3자와 대리행위를 한 경우를 말한다.
㉡ 대리행위에 필요한 모든 것을 갖추었으나 그 행위 당시 대리인에게 대리권이 없어서 본인에게 효력이 발생하지도 않고, 현명을 했으므로 대리권 없이 대리행위를 한 자에게 책임을 지우지도 못하는 상태를 말한다.

② 무권대리의 유형
㉠ 표현(表見)대리: 무권대리인의 대리권 없는 행위에 본인이 일정 부분 원인을 제공하여 상대방이 무권대리인에게 대리권이 있다고 믿을 수밖에 없었던 경우의 대리행위를 말한다.
㉡ 협의의 무권대리: 본인이 원인을 제공하지 않았음에도 상대방이 대리권도 없는 자와 계약 또는 단독행위를 한 경우를 말한다.

③ 표현대리
㉠ 표현대리의 유형
ⓐ 제125조의 대리권 수여표시에 의한 표현대리
ⓑ 제126조의 권한을 넘은 표현대리
ⓒ 제129조의 대리권 소멸 후의 표현대리
㉡ 표현대리의 효과
ⓐ 표현대리는 상대방을 보호하기 위한 제도로서 상대방만이 주장할 수 있고, 법원도 표현대리를 직권으로 판단할 수 없다.
ⓑ 표현대리가 성립하면 그에 대하여 본인이 전적으로 책임지고, 상대방의 과실이 있어도 이를 이유로 과실상계의 법리를 적용할 수 없으므로 과실상계의 법리를 유추적용하여 본인의 책임을 경감할 수 없다.
ⓒ 유권대리의 주장 속에 무권대리에 속하는 표현대리의 주장이 포함되어 있다고 할 수는 없다.
ⓓ 표현대리가 성립하는 경우 상대방 보호는 충분하므로 상대방은 무권대리인에게 일정한 책임을 요구할 수 없다.

ⓔ 법률행위가 강행법규를 위반하여 무효인 경우 표현대리의 법리도 적용되지 않는다.

④ **협의의 무권대리**

㉠ 협의의 무권대리는 계약의 무권대리와 단독행위의 무권대리가 있다.

㉡ **계약의 무권대리**

ⓐ 무권대리인과 체결한 계약은 유동적 무효이다. 즉, 본인의 추인 여부에 따라 본인에게 법률효과가 귀속될 수도 있는 상태의 무효이다.

ⓑ 본인은 추인 또는 추인 거절을 할 수 있고, 상대방은 **최고**(선악불문) 또는 **철회권**(선의의 경우)을 행사할 수 있다.

용어 보충	최고

권리자 또는 의무자가 법률행위의 상대방에게 특정한 행위를 하라고 요구(독촉)하는 의사의 통지를 말한다.

ⓒ 본인의 추인 거절로 무권대리가 무효가 된 경우 무권대리인은 선의·무과실의 상대방 선택에 따라 계약의 이행 또는 손해배상책임을 진다.

ⓓ 무권대리가 제3자의 기망 또는 위조된 서류 등에 의하여 유발된 경우에도 무권대리인의 상대방에 대한 책임이 면책되는 것은 아니다.

이렇게 출제!

04 대리에 관한 설명으로 옳지 않은 것은? (다툼이 있으면 판례에 따름)

제27회 기출

① 민법상 조합은 법인격이 없으므로 조합대리의 경우에는 반드시 조합원 전원의 성명을 표시하여 대리행위를 하여야 한다.

② 매매계약을 체결할 대리권을 수여받은 대리인이 상대방으로부터 매매대금을 지급받은 경우, 특별한 사정이 없는 한 이를 본인에게 전달하지 않더라도 상대방의 대금지급의무는 소멸한다.

③ 임의대리의 경우, 대리권 수여의 원인이 된 법률관계가 기간만료로 종료되었다면 원칙적으로 그 시점에 대리권도 소멸한다.

④ 매매계약의 체결과 이행에 관하여 포괄적으로 대리권을 수여받은 대리인은 특별한 사정이 없는 한 상대방에 대하여 약정된 매매대금지급기일을 연기하여 줄 권한도 가진다.

⑤ 대여금의 영수권한만을 위임받은 대리인이 그 대여금 채무의 일부를 면제하기 위하여는 본인의 특별수권이 필요하다.

민법상 조합의 경우 법인격이 없어 조합 자체가 본인이 될 수 없으므로, 이른바 조합대리에 있어서는 본인에 해당하는 모든 조합원을 위한 것임을 표시하여야 하나, 반드시 조합원 전원의 성명을 제시할 필요는 없고, 상대방이 알 수 있을 정도로 조합을 표시하는 것으로 충분하다 (2008다79340).

정답 ①

4. 법률행위의 무효와 취소

(1) 무효

원인	무효사유	비고
당사자	의사무능력자의 법률행위	절대적 무효
목적	• 반사회질서의 법률행위 • 불공정한 법률행위 • 강행법규에 위반하는 내용의 법률행위 또는 탈법행위 • 조건부 법률행위의 무효 • 원시적 불능을 목적으로 하는 법률행위	절대적 무효
의사표시	• 비진의표시가 무효인 경우 • 허위표시	상대적 무효

① **절대적 무효**

ㄱ 무효인 행위를 기초로 새로운 이행관계를 맺은 자(제3자)가 있는 경우, 그 제3자가 그 무효 원인을 몰랐다 하더라도 그에게 무효를 주장할 수 있는 경우의 무효를 말한다.

ㄴ 선의·악의 불문하고 모든 제3자에게 대항할 수 있는 경우의 무효라고 한다.

② **상대적 무효**

ㄱ 무효인 행위를 기초로 새로운 이행관계를 맺은 자(제3자)가 있는 경우, 그 제3자가 그 무효 원인을 몰랐다면 그에게 무효를 주장할 수 없는 경우의 무효를 말한다.

ㄴ 선의의 제3자에게는 대항할 수 없는 경우의 무효라고 한다.

③ **무효의 효과**

ㄱ 법률행위가 무효라면 처음부터 그 효력이 발생하지 않는다.

ㄴ 법률행위가 무효인 경우 그 내용에 따른 급부를 이행하기 전이면 이행할 필요가 없다. 그러나 이미 이행된 부분은 수익자가 그 수익을 부당이득으로 상대방에게 반환한다.

ⓐ 선의의 수익자: 이익이 현존하는 범위 내에서 반환한다.

ⓑ 악의의 수익자: 받은 이익에 이자를 붙여 반환하고, 손해가 있으면 손해
까지도 배상한다.

(2) 취소(취소할 수 있는 법률행위)

① **절대적 취소**

㉠ 제한능력자의 의사표시

㉡ 절대적 취소에서 '절대적'의 의미는 절대적 무효와 대체로 동일하다.

② **상대적 취소**

㉠ 착오 · 사기 · 강박에 의한 의사표시

㉡ 취소된 법률행위가 기초가 되어 선의의 제3자가 새로운 법률관계를 맺은 경
우, 취소로써 그 제3자에게 대항할 수 없다.

③ **취소의 효과**

㉠ 의사표시를 취소하면 그 효과는 소급하여 무효로 된다.

㉡ 부당이득 반환의무

ⓐ 선의의 수익자: 이익이 현존하는 범위 내에서 반환한다.

ⓑ 악의의 수익자: 받은 이익에 이자를 더해 반환하고, 손해가 있으면 손해
도 배상한다.

ⓒ 제한능력자의 특칙: 제한능력자 측은 언제나 현존이익만 반환하면 된다.

④ **취소권의 소멸**

㉠ 추인: 취소권의 포기

㉡ 법정추인

㉢ **제척기간**의 경과: 취소권은 추인할 수 있는 날로부터 3년, 법률행위를 한 날
로부터 10년 내에 행사하여야 한다.

용어 보충	제척기간

형성권과 같은 권리의 행사가능기간을 '제척기간'이라고 한다. 권리자가 권리를 신속하게 행
사하도록 하여 법률관계를 조속히 확정할 수 있다.

5. 법률행위의 부관

(1) 법률행위에 따른 효력 발생 또는 소멸 시기를 법률행위 시가 아닌 장래 일정한 사실
이 발생한 때로 정하는 것을 '법률행위의 부관'이라 하고, 부관에는 조건과 기한이
있다.

(2) 조건과 기한

① 조건과 기한의 구분

㉠ 조건: 장래 도래가 불확실한 어떤 사실의 성부에 법률효과의 발생 또는 소멸을 의존케 하는 법률행위의 부관

㉡ 기한: 장래 도래가 확실한 어떤 사실의 성부에 법률효과의 발생 또는 소멸을 의존케 하는 법률행위의 부관

② 조건부 법률행위의 효력

㉠ 정지조건 있는 법률행위는 조건이 성취한 때로부터 그 효력이 생긴다. 조건의 성취 여부는 조건성취로 권리를 취득하려는 자에게 증명 책임이 있다.

㉡ 해제조건 있는 법률행위는 조건이 성취한 때로부터 그 효력을 잃는다.

㉢ 당사자가 조건성취의 효력을 그 성취 전에 소급하게 할 의사를 표시한 때에는 그 의사에 의한다.

㉣ 조건의 성취 및 불성취 의제

 ⓐ 조건의 성취로 인하여 불이익을 받을 당사자가 신의성실에 반하여 조건의 성취를 방해한 때에는 상대방은 그 조건이 성취한 것으로 주장할 수 있다.

 ⓑ 조건의 성취로 인하여 이익을 받을 당사자가 신의성실에 반하여 조건을 성취시킨 때에는 상대방은 그 조건이 성취하지 아니한 것으로 주장할 수 있다.

㉤ 가장조건

 ⓐ 조건이 선량한 풍속 기타 사회질서에 위반한 것인 때에는 그 법률행위는 무효로 한다.

 ⓑ 조건이 법률행위의 당시 이미 성취한 것인 경우에는 그 조건이 정지조건이면 조건 없는 법률행위로 하고 해제조건이면 그 법률행위는 무효로 한다.

 ⓒ 조건이 법률행위의 당시 이미 성취할 수 없는 것인 경우에는 그 조건이 해제조건이면 조건 없는 법률행위로 하고 정지조건이면 그 법률행위는 무효로 한다.

③ 기한부 법률행위의 효력

㉠ 시기(始期) 있는 법률행위는 기한이 도래한 때로부터 그 효력이 생긴다.

㉡ 종기(終期) 있는 법률행위는 기한이 도래한 때로부터 그 효력을 잃는다.

㉢ 기한도래의 효과는 절대적으로 비소급이다.

05 법률행위의 부관에 관한 설명으로 옳지 않은 것은? (다툼이 있으면 판례에 따름)

제27회 기출

① 정지조건있는 법률행위는 특별한 사정이 없는 한 그 조건이 성취한 때로부터 그 효력이 생긴다.

② 해제조건있는 법률행위는 특별한 사정이 없는 한 그 조건이 성취한 때로부터 그 효력을 잃는다.

③ 법률행위의 조건이 선량한 풍속 기타 사회질서에 위반한 것인 때에는 그 법률행위는 무효로 한다.

④ 시기(始期)있는 법률행위는 그 기한이 도래한 때로부터 그 효력이 소멸한다.

⑤ 기한의 이익은 이를 포기할 수 있지만, 상대방의 이익을 해하지 못한다.

해설 시기(始期)있는 법률행위는 그 기한이 도래한 때로부터 그 효력이 발생한다.

정답 ④

3 기간의 계산

1. 기간의 기산점

(1) 자연적 계산

기간(기간의 단위를 의미)을 시, 분, 초로 정한 때에는 즉시로부터 기산한다.

(2) 역법적 계산

① **원칙**: 기간(기간의 단위를 의미)을 일, 주, 월 또는 연으로 정한 때에는 기간의 초일을 산입하지 아니한다.

② **예외**: 초일을 산입하는 경우

   ㉠ 기간이 오전 영시(0시)로부터 시작하는 때에는 초일을 산입한다.

   ㉡ 연령계산에는 출생일을 산입한다.

2. 기간의 만료점

(1) 기간을 일, 주, 월 또는 연으로 정한 때에는 기간말일의 종료로 기간이 만료된다.

(2) 역(曆)에 의한 계산

① 기간을 주, 월 또는 연으로 정한 때에는 역(曆)에 의하여 계산한다.

② 주, 월 또는 연의 처음부터 기간을 기산하지 아니하는 때에는 최후의 주, 월 또는 연에서 그 기산일에 해당한 날의 전일로 기간이 만료된다.

③ 기간을 월 또는 연으로 정한 경우에 최종의 월에 해당일이 없는 때에는 그 월의 말일로 기간이 만료된다.

3. 공휴일 등과 기간의 계산

(1) 공휴일 등과 기간의 만료점

기간의 말일이 토요일 또는 공휴일에 해당한 때에는 기간은 그 익일로 만료된다.

(2) 공휴일 등과 기간의 기산점

기간의 초일이 토요일 또는 공휴일에 해당한 때에는 기간은 그날로부터 기산한다.

4. 기간 계산에 관한 민법 규정은 임의규정이다

4 소멸시효

1. 시효제도

(1) 법률요건으로서의 시효

① **시효의 의의**

㉠ 시간이 경과됨에 따라 그 시간경과에 부여한 일정한 법률효과가 발생하는 것을 줄여서 '시효'라고 한다.

㉡ 시효는 취득시효와 소멸시효로 나뉜다.

② **취득시효**: 권리자가 권리를 행사할 수 없음에도 장기간 권리를 행사하는 사실상·법률상의 상태가 계속되는 경우, 그 권리를 취득하도록 하는 제도이다.

③ **소멸시효**: 권리자가 권리를 행사할 수 있음에도 장기간 권리를 행사하지 않는 경우, 그 권리를 소멸시켜 더이상 권리를 행사할 수 없도록 하는 제도이다.

(2) 소멸시효 제도

① **소멸시효에 걸리지 않는 권리**: 형성권, 상린권, 점유권, 담보물권(저당권, 질권, 유치권), 공유물분할청구권, 비재산권, 물권적 청구권, 소유권

② **부동산 매수인의 등기청구권**

    ㉠ 부동산 매수인의 소유권이전등기청구권은 채권적 청구권으로서 원칙적으로 소멸시효에 걸린다. 하지만 매수인이 목적물을 인도받아 사용·수익하고 있는 한 소멸시효에 걸리지 않는다.

    ㉡ 또한 매수인이 점유하던 목적물을 제3자에게 양도하고 더이상 점유를 계속하지 않는 경우에도 그 등기청구권은 소멸시효가 진행하지 않는다.

(3) 소멸시효의 기산점

① 소멸시효는 권리자가 권리를 행사할 수 있음에도 권리를 행사하지 않는 때로부터 진행한다.

② 채무불이행(이행지체, 이행불능)으로 인한 손해배상청구권의 소멸시효는 그 채무불이행 시부터 기산한다.

③ 부작위 채권의 소멸시효는 위반행위를 한 때로부터 진행한다.

2. 소멸시효 기간

(1) 일반 규정

① **소유권을 제외한 기타 재산권**(용익물권): 20년

② **일반채권**: 10년

(2) 3년의 단기소멸시효: 전문성·기술성을 바탕으로 발생한 채권

① 이자, 부양료, 급료, 사용료 기타 1년 이내의 기간으로 정한 금전 또는 물건의 지급을 목적으로 한 채권

② 의사, 조산사, 간호사 및 약사의 치료, 근로 및 조제에 관한 채권, 도급받은 자, 기사 기타 공사의 설계 또는 감독에 종사하는 자의 공사에 관한 채권, 변호사, 변리사, 공증인, 공인회계사 및 법무사의 직무에 관한 채권, 생산자 및 상인이 판매한 생산물 및 상품의 대가, 수공업자 및 제조자의 업무에 관한 채권 등

(3) 1년의 단기소멸시효: 의·식·주·오락 관련 채권

    ① 여관, 음식점, 대석, 오락장의 숙박료, 음식료, 대석료, 입장료, 소비물의 대가 및 체당금의 채권

    ② 의복, 침구, 장구 기타 동산의 사용료의 채권

    ③ 노역인, 연예인의 임금 및 그에 공급한 물건의 대금채권

    ④ 학생 및 수업자의 교육, 의식 및 유숙에 관한 교주, 숙주, 교사의 채권

(4) 단기소멸시효에 걸리는 채권도 재판상 판결로써 확정되면 10년으로 소멸시효 기간이 연장된다.

판례	소멸시효와 제척기간이 모두 적용되는 경우

매도인에 대한 하자담보에 기한 손해배상청구권에 대하여는 민법 제582조의 제척기간이 적용되고, 그 권리의 내용·성질 및 취지에 비추어 민법 제162조 제1항의 채권 소멸시효의 규정이 적용된다고 할 것이고, 이때 다른 특별한 사정이 없는 한 무엇보다도 매수인이 매매의 목적물을 인도받은 때부터 그 소멸시효가 진행한다고 해석함이 상당하다(2011다10266).

3. 소멸시효의 중단과 정지, 소멸시효 완성의 효과

(1) 소멸시효의 중단과 정지

    ① 중단

        ㉠ 의의: 소멸시효가 진행 중에 채권자가 적극적으로 권리를 행사한 경우, 그 권리행사 시점부터 소멸시효 기간이 갱신되는 것을 말한다.

        ㉡ 중단 사유: 채권자의 청구, 채무자 재산에 대한 채권자의 압류, 가압류, 가처분 등 적극적으로 권리를 행사한 경우와 채무자가 승인한 경우

용어 보충	갱신

어떤 법률관계의 존속기간이 만료된 때 그 기간을 연장하는 것을 말한다.

    ② 정지

        ㉠ 의의: 소멸시효가 완성될 무렵 채권자는 권리를 행사하였으나, 다른 사유로 권리행사의 효력이 채무자에게 직접 미치지 못하는 경우, 그 소멸시효 진행을 잠시 멈추게 했다가 정지 사유가 종료되면 그때로부터 6월 내지 1월의 유예기간을 더 부여하는 것을 말한다.

        ㉡ 정지 사유 및 정지 기간

            ⓐ 채무자 또는 채권자가 제한능력자가 된 경우, 제한능력자가 능력자가 되거나 그의 법정대리인이 취임한 날로부터 6월

ⓑ 채권자와 채무자가 부부 사이인 경우, 혼인관계가 종료된 날로부터 6월

ⓒ 채권이 상속재산에 관한 것인 경우, 상속인의 확정, 관리인의 선임 또는 파산선고가 있는 때로부터 6월

ⓓ 천재 기타 사변 등으로 원만하게 채권을 행사할 수 없는 경우, 사태가 종료된 날로부터 1월

(2) 소멸시효 완성의 효과 ⇨ 권리의 소급적 소멸

① 소멸시효 완성의 효과는 그 기산일에 소급하여 효력이 생긴다.

② 소멸시효 완성으로 채무를 면하게 되는 자는 기산일 이후의 이자를 지급할 필요가 없다.

③ 소멸하는 채권이 그 소멸시효가 완성하기 전에 상계할 수 있었던 것이면 채권자는 시효완성 후에도 상계할 수 있다.

④ 연대채무자 중 1인의 채무가 소멸시효 완성으로 소멸하면 그 채무자의 부담부분에 한하여 다른 연대채무자도 채무를 면한다.

(3) 시효이익

① **의의**

㉠ 시효가 완성됨에 따라 얻는 당사자의 이익을 말한다.

㉡ 시효완성으로 인한 이익은 변론주의 원칙상 원용권자의 원용이 필요하고, 법원의 직권판단 대상이 아니다.

용어 보충	원용
일정한 권리자가 자신에게 권리가 있음을 재판을 통하여 적극적으로 주장하는 것을 말한다.	

② **시효이익의 포기**

㉠ '시효이익의 포기'란 시효이익을 갖는 자가 그 이익을 주장하지 않겠다고 하는 의사표시를 말한다.

㉡ 시효이익의 포기는 처분행위이므로, 포기하는 자는 처분능력과 처분권한이 있어야 한다.

㉢ 소멸시효의 이익은 미리 포기하지 못한다. 즉, 시효완성 전에는 시효이익을 포기할 수 없다.

06 소멸시효에 관한 설명으로 옳지 않은 것은? (다툼이 있으면 판례에 따름)

제27회 기출

① 채권 및 소유권은 10년간 행사하지 아니하면 소멸시효가 완성한다.

② 지역권은 20년간 행사하지 아니하면 소멸시효가 완성한다.

③ 금전채무의 이행지체로 인하여 발생하는 지연손해금은 3년의 단기소멸시효가 적용되지 않는다.

④ 이자채권이라도 1년 이내의 정기로 지급하기로 한 것이 아니면 3년의 단기소멸시효가 적용되지 않는다.

⑤ 상행위로 인하여 발생한 상품 판매 대금채권은 3년의 단기소멸시효가 적용된다.

해설 소유권은 소멸시효 적용대상이 아니다.

정답 ①

07 소멸시효에 관한 설명으로 옳은 것은? (다툼이 있으면 판례에 따름)

제27회 기출

① 소멸시효 중단사유인 채무의 승인은 의사표시에 해당한다.

② 시효중단의 효력이 있는 승인에는 상대방 권리에 관한 처분의 능력이나 권한 있음을 요하지 않는다.

③ 소멸시효 이익의 포기사유인 채무의 묵시적 승인은 관념의 통지에 해당한다.

④ 시효완성 전에 채무의 일부를 변제한 경우에는 그 수액에 관하여 다툼이 없는 한 채무승인의 효력이 있어 채무전부에 관하여 소멸시효 이익 포기의 효력이 발생한다.

⑤ 채무자가 담보 목적의 가등기를 설정하여 주는 것은 채무의 승인에 해당하므로, 그 가등기가 계속되고 있는 동안 그 피담보채권에 대한 소멸시효는 진행하지 않는다.

해설 ① 소멸시효 중단사유인 채무의 승인은 관념의 통지에 해당한다.

③ 소멸시효 이익의 포기사유인 채무의 묵시적 승인 즉, 가분채권 일부의 변제 등은 시효완성 사실을 알고 시효이익 포기의 의사표시로 추정한다.

④ 시효완성 전에 채무의 일부를 변제한 경우에는 그 수액에 관하여 다툼이 없는 한 채무 전부에 대한 승인의 효력이 있을 뿐이다.

⑤ 채무자가 채권자에 대하여 자신 소유의 부동산에 담보 목적의 가등기를 설정하여 주는 것은 제168조 소정의 채무의 승인에 해당한다(97다22676). 하지만 채권자가 담보가등기를 마친 부동산을 인도받아 점유하더라도 담보가등기의 피담보채권의 소멸시효가 중단되는 것은 아니다(2006다12701)

정답 ②

❶ 부동산의 강제집행을 면할 목적으로 허위의 근저당권설정계약을 체결하는 것은 반사회적 행위로 볼 수 없다. ○ | ✕

❷ 격지자 승낙에 의한 계약의 성립은 그 의사표시를 발송한 때 성립한다. ○ | ✕

❸ 표현대리가 성립하는 경우, 과실상계의 법리를 유추적용하여 본인의 책임을 경감할 수 없다. ○ | ✕

❹ 취소권은 추인할 수 있는 날로부터 3년 내에, 법률행위를 한 날로부터 10년 내에 행사하여야 한다. ○ | ✕

❺ 조건이 법률행위 당시에 이미 성취할 수 없는 경우, 그 조건이 정지조건이면 그 법률행위는 무효이다. ○ | ✕

❻ 부작위를 목적으로 한 채권의 소멸시효는 계약체결 시부터 진행한다. ○ | ✕

❼ 불법적인 일이나 행위로 인하여 생긴 재산 또는 서비스, 노무 등을 제공하는 것을 (   )(이)라고 하는데, 이것을 한 사람은 이를 돌려달라고 요구할 수 없다.

❽ (   )(이)란 법률행위를 하는 두 당사자가 서로 합의하여 진실이 아닌 허위로 의사표시를 하는 것을 말한다. 이렇게 서로 짜고 한 허위의 의사표시는 무효이다.

① ○ ② ○ ③ ○ ④ ○ ⑤ ○ ⑥ ✕ 부작위를 목적으로 한 채권의 소멸시효는 그 위반행위를 한 때로부터 진행한다.
⑦ 불법원인급여 ⑧ 통정허위표시

물권법에서는 물권의 의의, 물권법정주의, 물권의 일반적 효력, 물권 각각 특유의 효력을 구분하여 정리하시기 바랍니다.

CHAPTER 한눈에 보기

1 물권법 총론

· 물권의 의의, 물권법정주의 이해하기
· 물권의 일반적 효력 이해하기

Q 용어 CHECK
· 물권적 청구권

2 물권법 각론

· 점유권과 소유권, 제한물권 등 각
  물권의 효력 이해하기

발문 미리보기

• 물권의 효력에 관한 설명으로 옳은 것은?

• 기본물권인 소유권과 점유권에 관한 설명으로 옳은 것은?

• 용익물권의 효력에 관한 설명으로 옳은 것은?

• 담보물권에 관한 설명으로 옳은 것은?

| POINT | 물권의 효력은 소유권보존등기와 가등기의 효력, 물권적 청구권을 중심으로 1~2문항이 출제됩니다. 점유권은 점유의 효력, 소유권은 취득시효와 공동소유 중 총유, 용익물권 중 법정지상권 및 전세권, 담보물권은 유치권의 성립요건과 저당권의 효력, 피담보채권을 집중 학습해야 합니다.

회계원리

공동주택 시설개론

민법

1 물권법 총론

1. 물권법정주의 – 물권의 종류에 따른 객체

(1) 민법상 물권

① 점유권: 물건에 대한 사실상 지배권

② 소유권: 물건에 대한 사용·수익·처분에 관한 권리

③ 제한물권

ㄱ 용익물권: 지상권, 전세권, 지역권

ㄴ 담보물권: 저당권, 질권, 유치권

(2) 관습법상 물권

① 관습법상 법정지상권

② 분묘기지권

③ 동산의 양도담보

2. 물권적 청구권

(1) 의의

① 물권은 물건에 대한 배타적 지배권이다.

② '물권적 청구권'이란 물권자가 아닌 자가 물건을 지배하거나 물권자의 배타적 지배를 방해하는 경우 물권의 실질적 지배력을 확보하기 위한 청구권을 말한다.

(2) 물권의 효력과 당사자 ⇨ 매매, 제한물권의 설정, 권리의 포기 등

① **청구권자**: 현재 물권자

② **상대방**

ㄱ 물권에 대한 현실침해자 또는 방해자 및 방해할 염려가 있는 자

ㄴ 침해·방해상태를 자신의 지배하에 두고 있는 자 또는 두려고 하는 자

③ **종류**: 목적물반환청구권, 방해제거청구권, 방해예방청구권 또는 담보제공요구

④ 물권적 청구권에 관한 민법 규정

    ㉠ 점유권과 소유권에서 각각 규정하고, 나머지 제한물권에 관해서는 소유권의 물권적 청구권을 준용한다.

    ㉡ 점유를 수반하지 않는 저당권과 지역권에는 목적물반환청구권이 인정되지 않는다.

    ㉢ 유치권 자체에 기한 물권적 청구권은 인정하지 않고, 점유권에 기한 점유보호청구권으로 보호하고 있다.

3. 물권의 변동

(1) 의의

① '물권의 변동'이란 물권의 발생·변경·소멸을 말한다.

② 여타 권리의 변동과 마찬가지로 물권 변동의 원인도 법률행위와 법률행위가 아닌 원인으로 나뉜다.

(2) 법률행위에 의한 물권의 변동 ▷ 매매, 제한물권의 설정, 권리의 포기 등

① **부동산**(제186조): 부동산에 관한 법률행위로 인한 물권의 득실변경은 등기하여야 그 효력이 발생한다.

② **동산**(제188조~제190조): 동산 물권의 변동원인이 법률행위인 경우, 인도(점유)하여야 효력이 발생한다.

(3) 법률행위가 아닌 원인(법률규정)에 의한 물권의 변동

① **등기를 요하지 아니하는 부동산물권 취득**(제187조): 상속·공용징수·판결·경매 기타 법률의 규정에 의한 부동산에 관한 물권의 취득은 등기를 요하지 아니한다. 그러나 등기를 하지 아니하면 이를 처분하지 못한다.

② **기타 법률 규정에 해당하는 물권의 발생 또는 소멸**

    ㉠ 취득

        ⓐ 부동산

          • 등기 없이도 취득: 건물의 신축, 첨부

          • 등기해야 취득: 점유취득시효(제245조 제1항 규정에 의거)

        ⓑ 동산(특별규정 존재): 선의취득, 무주물 선점

    ㉡ 소멸: 소멸시효에 의한 물권의 소멸, 피담보채권의 소멸에 의한 저당권 소멸, 혼동에 의한 물권의 소멸 등

01 물권적 청구권에 관한 설명으로 옳은 것은? (다툼이 있으면 판례에 따름)

제27회 기출

① 지상권을 설정한 토지소유자는 그 토지에 대한 불법점유자에 대하여 물권적 청구권을 행사할 수 없다.

② 점유를 상실하여 현실적으로 점유하고 있지 아니한 불법점유자에 대하여 소유자는 그 소유물의 인도를 청구할 수 있다.

③ 소유권을 상실한 전(前)소유자가 그 물건의 양수인에게 인도의무를 부담하는 경우, 제3자인 불법점유자에 대하여 소유권에 기한 물권적 청구권을 행사할 수 있다.

④ 소유자는 소유권을 현실적으로 방해하지 않고 그 방해를 할 염려있는 행위를 하는 자에 대하여도 그 예방을 청구할 수 있다.

⑤ 지역권자는 지역권의 행사를 방해하는 자에게 승역지의 반환청구를 할 수 있다.

> **해설** ④ 물권적 청구권 중 방해예방청구는 현실적인 방해가 없어도 그 예방을 청구할 수 있다.
> ① 지상권을 설정한 토지소유권자는 불법점유자에 대하여 물권적청구권을 행사할 수 있다. 그러나, 지상권을 설정한 토지소유권자는 지상권이 존속하는 한 토지를 사용 수익할 수 없으므로 특별한 사정이 없는 한 불법점유자에게 손해배상을 청구할 수 없다(74다1150).
> ② 불법점유를 이유로 하여 그 명도 또는 인도를 청구하려면 현실적으로 그 목적물을 점유하고 있는 자를 상대로 하여야 하고 불법점유자라 하여도 그 물건을 다른 사람에게 인도하여 현실적으로 점유를 하고 있지 않은 이상, 그 자를 상대로 한 인도 또는 명도청구는 부당하다(98다9045).
> ③ 소유권에 기한 물상청구권을 소유권과 분리하여 이를 소유권 없는 전소유자에게 유보하여 행사시킬 수는 없는 것이므로 소유권을 상실한 전(前)소유자는 제3자인 불법점유자에 대하여 소유권에 기한 물권적 청구권에 의한 방해배제를 구할 수 없다(68다725 전합).
> ⑤ 지역권은 비배타적 공용권으로서 지역권자는 지역권의 행사를 방해하는 자에게 방해의 제거를 청구할 수는 있지만 승역지의 반환청구를 할 수는 없다.
>
> **정답** ④

2 물권법 각론

1. 점유권과 소유권

(1) 점유권

① **의의:** 어떤 물건에 대한 사실상의 지배 상태를 권리로 인정한 것을 '점유권'이라고 한다.

② **점유의 태양**

　ㄱ **자주점유와 타주점유**

　　ⓐ **자주점유**: 점유자가 점유물에 대한 소유의 의사가 있는 점유를 말하며, 소유의 의사 유무는 점유자의 주관적 의사가 아닌 점유취득 원인행위의 권원에 따라 객관적으로 판단한다.

　　ⓑ **매수인, 도인(盜人)의 점유**: 자주점유

　　ⓒ **지상권자, 전세권자, 질권자, 임차인, 수치인의 점유**: 타주점유

　ㄴ **선의점유와 악의점유**

　　ⓐ **선의점유**: 본권(점유할 수 있는 권리)이 없음에도 있다고 믿고서 하는 점유

　　ⓑ **악의점유**: 본권이 없음을 알면서도, 또는 본권의 유무를 의심하면서 하는 점유

　　ⓒ 선의의 점유자가 본권에 관한 소에서 패소하면, 그 소가 제기된 때로 소급하여 그때부터 악의의 점유자로 간주한다.

③ **점유의 효과 – 점유의 권리 적법 추정**: 점유자가 점유물(동산)에 대하여 행사하는 권리는 적법하게 보유한 것으로 추정된다.

(2) 소유권

① **소유권의 성질**

　ㄱ 소유권자는 '법률의 범위 내'에서 그 소유물을 사용·수익·처분할 수 있다.

　ㄴ 토지의 소유권은 정당한 이익이 있는 범위 내에서 토지의 상하에 미친다 (제212조).

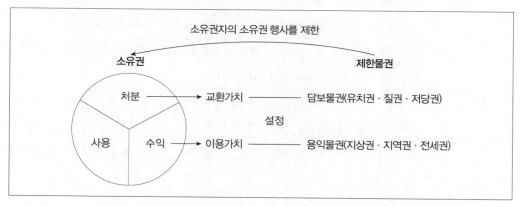

② **부동산의 취득시효**

> **제245조【점유로 인한 부동산소유권의 취득기간】** ① 20년간 소유의 의사로 평온, 공연하게
> 부동산을 점유하는 자는 등기함으로써 그 소유권을 취득한다.
> ② 부동산의 소유자로 등기한 자가 10년간 소유의 의사로 평온, 공연하게 선의이며 과실 없이 그
> 부동산을 점유한 때에는 소유권을 취득한다.

ㄱ 취득시효 대상물
   ⓐ **토지의 전부·일부**: 토지 일부에 대하여 취득시효를 주장하는 경우 다른
      부분과 구분하여 점유를 입증할 수 있는 경계를 가져야 한다. 단, 등기부
      취득시효의 경우 토지 일부에 대한 독립적 등기가 불가능하므로 토지 일
      부에 대한 등기부 취득시효는 인정하지 않는다.
   ⓑ 자기소유 물건, 국유지(일반재산), 성명불상자의 토지도 취득 가능하다.
   ⓒ 공유지분도 취득 가능하다(공유물 전부를 점유해야 함).
ㄴ **점유취득시효의 요건 및 효과**
   ⓐ 소유의 의사(자주점유)로, 평온·공연한 점유여야 한다.
   ⓑ **20년간 점유의 계속**: 점유의 승계를 인정한다.
   ⓒ **등기해야 소유권 취득**(제245조 제1항): 소유권이전등기청구권 발생
      ⇨ 20년 경과 당시 점유자가 20년 경과(취득시효 완성) 당시의 등기부상
      소유자(진정한 소유자로 추정)에게 등기청구할 수 있다.
   ⓓ 토지 일부에 대한 취득시효 완성 시에도 분할등기를 해야 권리취득이 가
      능하다.
ㄷ **등기부 취득시효의 요건**
   ⓐ 소유의 의사(자주점유)로, 평온·공연한 점유여야 한다.
   ⓑ 선의·무과실의 점유여야 한다. ⇨ 점유개시 당시에만 충족하면 족하다.
   ⓒ 10년간 계속하여 점유하여야 한다.
   ⓓ 등기부상 소유자로 등기되어 있어야 한다.
   ⓔ 무효등기도 인정한다. 단, 이중으로 경료되어 무효인 소유권보존등기나
      이에 터 잡은 소유권이전등기로서 무효인 경우에는 인정하지 않는다.
ㄹ **시효완성의 효과**
   ⓐ 소유권의 원시취득
   ⓑ 취득시효 완성으로 인한 소유권 취득의 효력은 점유를 개시한 때로 소급
      되므로 점유기간 중 상호간에 부당이득의 문제는 발생하지 않는다.

③ **공동소유**

㉠ **공유**

ⓐ 의의: 공유자는 공유물의 지분을 처분할 수 있으며, 공유물 전부를 지분의 비율로 사용·수익하고 의무를 부담한다.

ⓑ 공유물의 분할

• **협의에 의한 분할**(분할 등기 시 효력 발생): 현물분할, 대금분할, 가격배상 중 선택한다.

• **재판상 분할**(협의가 성립되지 않는 경우): 공유물 분할판결은 형성판결이다.
   – 원칙: 현물분할(판결 확정 시 분할효과 발생)
   – 예외: 대금분할, 가격배상도 가능(판례)

㉡ **합유**

ⓐ 의의: 조합의 재산 소유 형태를 '합유'라고 한다.

ⓑ 조합: 공동사업의 목적 달성을 위한 계약을 '조합'이라고 한다.

㉢ **총유**

ⓐ 의의: 비법인사단(예 종중, 교회)의 재산 소유 형태를 '총유'라고 한다.

ⓑ 특징: 총유재산은 지분이 없어 그 구성원은 지분을 처분하거나 분할을 청구하는 것이 허용되지 않으며, 보존 및 관리·처분행위 등은 사원총회의 결의에 의한다.

2. 제한물권

(1) 용익물권

① **지상권**

㉠ 의의: '지상권'은 지상물(건물, 기타의 공작물이나 수목)을 소유하기 위해 타인의 토지를 사용할 권리를 말한다.

㉡ 성립: 법률행위

지상권설정계약과 그에 관한 등기를 하면 지상권은 성립하며, 토지의 사용대가에 해당하는 지료의 약정은 지상권의 성립요건이 아니다.

② **지역권**

㉠ 의의

ⓐ 편익을 받는 토지를 '요역지', 편익을 주는 토지를 '승역지'라고 한다.

ⓑ 지역권은 요역지 편익을 위해 승역지를 사용할 수 있는 권리를 말한다.
   ⇨ 지역권은 요역지 전부를 위하여 승역지 전부 또는 일부에 대하여 성립한다.

ⓒ 지역권이 성립하려면 요역지와 승역지가 각각 필요하므로 최소한 2필지의 토지가 필요하다.

ⓛ 법적 성격

ⓐ **공용적 성격**: 비배타적 공용권으로서 지역권이 성립한 부분을 승역지 소유자가 사용하는 경우에도 물권적 반환청구권을 행사할 수 없다.

ⓑ **요역지의 공유관계와 지역권의 불가분성**
- **공유자 중 1인이 지역권 취득**: 공유자 전원이 취득한다.
- 토지공유자 중 1인은 지분에 관하여 그 토지를 위한 지역권 또는 그 토지가 부담한 지역권을 소멸하게 하지 못한다.

③ **전세권**

ⓣ 의의 및 성질

ⓐ 의의: 전세권자는 전세금을 지급하고 타인의 부동산을 점유하여 그 부동산의 용도에 좇아 사용·수익하며, 그 부동산 전부에 대하여 후순위권리자 기타 채권자보다 전세금의 우선변제를 받을 권리가 있다. ⇨ 우리나라 특유의 제도(임대차의 일종인 채권적 전세에서 유래)
- 전세권은 토지와 건물 모두를 그 목적으로 하여 성립한다. 그러나 농지에 대해서는 전세권의 설정이 불가능하다.
- 전세금은 전세권의 성립요건이므로 반드시 지급해야 한다. 그러나 현실적으로 수수하여야만 하는 것은 아니고, 기존채권으로 전세금 지급에 갈음할 수 있다.

ⓑ 성립
- **전세권의 취득**: 전세권설정계약과 등기. 전세금도 등기사항이다.
- **전세권 존속기간의 제한**
  - **최장기간**: 10년(토지·건물전세권)
  - **최단기간**: 1년(건물전세권)
  - 존속기간을 약정하지 않은 경우 기간의 정함이 없는 전세권으로 본다. ⇨ 양 당사자는 언제든지 전세권의 소멸통고를 할 수 있고, 상대방이 소멸통고를 받은 날로부터 6월이 경과하면 전세권은 소멸한다.

ⓒ 갱신
- **합의에 의한 계약의 갱신**: 10년 초과 금지

- **건물전세권의 법정갱신**: 건물의 전세권설정자가 전세권의 존속기간 만료 전 6월부터 1월까지 사이에 전세권자에 대하여 갱신거절의 통지 또는 조건을 변경하지 아니하면 갱신하지 아니한다는 뜻의 통지를 하지 아니한 경우에는 그 기간이 만료된 때에 전(前) 전세권과 동일한 조건으로 다시 전세권을 설정한 것으로 본다. 이 경우 전세권의 존속기간은 그 정함이 없는 것으로 본다.

⊙ 소멸

ⓐ 소멸 사유

- **기간만료**: 전세권의 존속기간이 만료한 경우
- **소멸청구**: 전세권자의 용법 위반
- **소멸통고**: 기간의 정함이 없는 전세권의 경우

ⓑ 소멸의 효과

- **동시이행**: 전세목적물 반환 및 전세권 말소등기서류 교부와 전세금 반환은 동시이행관계에 있다.

(2) 담보물권

① 유치권

⊙ 의의

ⓐ 타인의 물건 또는 유가증권을 점유(불법점유×)한 자가 그 물건이나 유가증권에 관하여 생긴 채권(견련관계 있는 채권)이 변제기에 있는 경우에는 그 채권의 전부를 변제받을 때까지 그 물건 또는 유가증권을 유치하고 인도 거절을 할 수 있는 권리로서의 법정 담보물권을 '유치권'이라 한다.

ⓑ 유치권 성립 후 저당권 실행으로 유치물이 경락된 경우, 유치권자는 그 경락인에 대하여 유치권을 주장하며 목적물의 인도를 거절할 수 있으나 변제를 청구할 수는 없다.

⊙ 성립

ⓐ 목적물의 적법한 계속 점유

- 적법한 점유가 계속되어야 한다. 점유자는 불법점유 중에 지출한 비용으로는 유치권을 주장할 수 없다.
- 직접점유·간접점유·공동점유 모두 인정한다. 단, 채무자를 직접점유로 하는 간접점유로는 유치권이 성립하지 않는다(판례).

ⓑ 목적물에 관하여 생긴(견련관계 있는) 채권의 존재
- 목적물에 지출한 비용에 대한 비용상환청구권(필요비·유익비·수선비·공사비)
- 목적물로부터 발생한 불법행위로 인한 손해배상청구권
ⓒ 채무의 변제기 도래
ⓓ 유치권의 배제특약이 없을 것: 유치권은 법정담보물권이지만 이에 관한 민법 규정은 임의규정이므로, 당사자간에 유치권의 배제특약이 있으면 유치권은 성립하지 않는다.
ⓒ 유치권의 행사는 채권의 소멸시효의 진행에 영향을 미치지 아니한다.

② **질권**

㉠ 의의: '질권(質權)'은 채권자가 채권의 담보로서 채무의 변제가 있을 때까지 채무자 또는 제3자(물상보증인)로부터 받은 물건(동산 또는 재산권)을 점유하고 유치함으로써 채무의 변제를 간접적으로 강제하는 동시에, 채무의 변제가 없는 경우에는 그 목적물로부터 다른 채권자에 우선하여 변제를 받는 권리를 말한다(제329조, 제345조).

㉡ 객체: 부동산 이외의 동산 또는 재산권에 성립한다. ⇨ 양도할 수 있는 물건 중 동산이 그 목적물이 된다. 즉, 양도할 수 없는 물건은 질권의 객체가 될 수 없다.

㉢ 종류

ⓐ **동산질권**: 양도할 수 있는 동산을 객체로 한다.

ⓑ **권리질권**: 질권은 재산권(채권)을 그 목적으로 할 수 있다. 그러나 부동산의 사용·수익을 목적으로 하는 권리는 그러하지 아니하다. 즉, 임차권(사용·수익권)은 질권의 목적으로 할 수 없으나, 임차보증금반환청구권(일반채권)은 질권의 목적으로 할 수 있다.

③ **저당권**

㉠ 의의

ⓐ 부동산에 대한 담보물권으로서 저당권자는 피담보채권의 변제절차에서 채무자 또는 제3자가 점유를 이전하지 아니하고 채무의 담보로 제공한 부동산에 대하여 다른 채권자보다 자기채권의 우선변제를 받을 권리가 있다.

ⓑ **저당권의 객체**: 부동산 및 지상권·전세권

ⓛ 근저당

    ⓐ **의의**: 계속적 거래관계로부터 발생하는 불특정 다수의 채권을 당사자간의 합의로 설정한 채권최고액의 한도 내에서 담보하기 위한 저당권을 말한다.

    ⓑ **채권최고액**: 당사자간의 계속적 거래의 한도액으로서 근저당권 실행 시 담보물의 매각대금에서 채권자가 우선변제를 받을 수 있는 한도액을 의미하고, 채무자의 책임의 한도액을 의미하는 것은 아니다.

    ⓒ 근저당의 취지와 채권최고액은 반드시 등기한다.

② 공동저당

    ⓐ **의의**: 동일한 채권의 담보를 위해 여러 개의 부동산 위에 설정된 저당권을 '공동저당'이라 한다. 따라서 부동산의 수만큼 여러 개의 저당권이 성립된다.

    ⓑ **공동저당의 등기**: 모든 부동산에 공동담보물을 기재하고, 공동담보 부동산이 5개 이상인 경우에는 공동담보목록을 작성한다.

중요 개념 확인하기!

❶ 점유의 권리 적법 추정에 관한 규정은 등기된 부동산에는 적용되지 않는다.   O | X

❷ 취득시효 완성 후 그 등기청구를 받은 소유자가 제3자에게 목적물을 처분한 경우, 시효완성자는 채무불이행을 이유로 손해배상을 청구할 수 있다.   O | X

❸ 전세금은 반드시 현실적으로 수수되어야만 하는 것은 아니고, 기존의 채권으로 전세금의 지급에 갈음할 수 있다.   O | X

❹ 유치권자의 점유가 간접점유이고 채무자가 직접점유자인 경우, 유치권은 성립하지 않는다.   O | X

❺ 저당권은 그 담보한 채권과 분리하여 타인에게 양도할 수 있다.   O | X

① O   ② X 채무불이행이 아니라 불법행위를 이유로 손해배상을 청구할 수 있다.   ③ O   ④ O
⑤ X 담보물권의 부종성의 원칙상 저당권은 그 담보한 채권과 분리하여 양도하거나 다른 권리의 목적으로 할 수 없다.

05 채권법

✅ 채권법에서는 대인권·상대권으로서 채권의 종류별 특징을 이해하고, 계약의 유형별 특징과 효력을 파악해야 합니다. 법률행위 과정의 부당이득과 불법행위의 효과도 이해하시기 바랍니다.

CHAPTER 한눈에 보기

1 채권법 총론

· 채권의 종류와 특징 파악하기

2 계약법 총론

· 계약의 유형과 효력 이해하기

3 계약법 각론

· 매매, 임대차, 도급, 위임 이해하기

4 기타채권관계(부당이득 · 불법행위)

· 법률행위 과정의 부당이득과 불법행위 이해하기

발문 미리보기

• 채권의 양도 및 채무의 인수에 관한 설명으로 옳은 것은?

• 매매 또는 임대차의 효력에 관한 설명으로 옳은 것은?

• 위임 및 도급에 관한 설명으로 옳은 것은?

• 불법행위에 관한 설명으로 옳지 않은 것은?

| POINT | 채권총론은 그 방대한 범위 중에서도 채권의 양도 및 채무인수에 의한 채권의 변동에 관한 내용과 채권자취소권에 관한 내용이 항상 출제되고 있습니다. 계약의 해제와 제3자 보호, 매매에서 매도인의 담보책임, 임대차 중 임차인의 권리, 쌍무계약으로서 도급의 효력, 위임계약의 해지와 불법행위는 2~3개의 이론을 접목한 사례문제 형태로 매년 출제됩니다.

1 채권법 총론

1. 채권의 의의 및 변동

(1) 채권의 의의

① '채권'은 채권자가 채무자에게 특정한 급부(작위·부작위)를 청구할 수 있는 권리를 말한다.

㉠ 채권은 주로 법률행위(특히 계약) 과정에서 발생하는 것이 대부분이므로 신의칙은 채권법 영역에서 가장 뚜렷하게 나타난다.

㉡ 법률행위 자유의 원칙상 채권법의 대부분 규정은 임의법규의 성격을 띤다.

② **채권과 물권의 비교**

구분	채권	물권
권리의 대상	특정인의 행위(대인권)	독립된 물건(대물권)
권리의 작용 효력	급부청구권	배타적 지배권
상대방의 범위	채무자에게만 행사	누구에게나 주장 가능
배타성	×(채권자 평등의 원칙)	○(우선적 효력)
양도성(처분성)	양도 가능(반대특약 가능)	양도 가능

③ **민법상 채권(급부)의 종류**

㉠ 특정물채권과 종류물채권

ⓐ 특정물채권

- '특정물'이란 구체적 거래에서 당사자가 물건의 개성을 중시하여 같은 종류의 다른 물건으로 바꾸는 것을 허용하지 않는 물건을 말한다.
- 특정물의 인도가 채권의 목적인 때에는 채무자는 그 물건을 인도하기까지 선량한 관리자의 주의로 보존하여야 한다.
- **현상인도 의무**: 이행기의 현상대로 인도해야 한다.
- **변제 장소**: 채권성립 당시 그 물건이 있었던 장소에서 이행한다.

ⓑ 종류물채권

- **의의**: 일정한 종류에 속하는 물건의 일정량의 인도를 목적으로 하는 채권을 말한다(예 시멘트 10포대, 모래 5톤, 소주 5병).
- **목적물의 품질**: 채권의 발생 원인에 따라 채무자가 반환하는 목적물의 품질이 결정된다.
  - 소비대차, 소비임치로 발생한 채권: 처음 받았던 물건과 동일한 품질로 반환한다.

- 품질에 관한 특약이 있는 경우: 특약(당사자의 의사)에 따른다.
- 기타의 경우: 중등품질로 교부한다.
  - 변제 장소: 종류물채권은 원칙적으로 지참채무이다. ⇨ 채권자의 주소지 또는 영업소에서 이행한다.
    ○ 금전채권
    ⓐ 의의: 직접적인 지불 수단인 금전의 인도를 목적으로 하는 채권을 말한다.
    ⓑ **금전채권의 특질**: 금전은 특수동산으로서 언제나 점유와 소유가 일치하기 때문에 금전채권의 채권자는 물권적 반환청구권은 행사할 수 없고, 채권적 가치의 반환만을 청구할 수 있다.
    ⓒ 금전채무불이행에 대한 특칙
      - 금전채무불이행의 손해배상액은 법정이율에 의한다. 그러나 법령의 제한에 위반하지 아니한 약정이율이 있으면 그 이율에 의한다.
      - 금전채무불이행의 손해배상은 언제나 이행지체로 인한 것이며, 채권자는 손해의 증명을 요하지 아니하고 채무자는 과실 없음을 항변하지 못한다.
  ④ **채무불이행**
    ㉠ 의의: 채무자가 정당한 이유 없이 채무의 내용에 좋은 이행을 하지 않는 것을 말한다.
    ㉡ **채무불이행의 모습**: 이행지체 및 이행불능, 이론적으로 불완전이행도 있다.
    ㉢ 채권자 지체(수령지체)는 채권자의 채무불이행으로 본다. ⇨ '채권자 지체'는 채무자의 이행행위에 대하여 채권자가 이를 수령하지 않거나 필요한 협력을 하지 않음으로써 채무자가 이행을 완료하지 못하는 경우를 말한다.

(2) **채권자대위권**(債權者代位權)**과 채권자취소권**(債權者取消權)
① **채권자대위권**
  ㉠ 의의
    ⓐ 채권자가 자신의 채권을 보전하기 위하여 자신의 이름으로 채무자의 제3자에 대한 채권을 대신 행사할 수 있는 권리를 말한다.
    ⓑ 채권자는 자신의 채권을 보전하기 위하여 채무자의 권리를 행사할 수 있다. 그러나 일신에 전속한 권리는 채권자대위권의 대상이 아니다.

ⓛ 행사범위

 ⓐ 채권보전에 필요한 범위에 한정되고, 관리행위는 허용되나 처분행위는 허용되지 않는다.

 ⓑ 채권자가 대위권을 행사할 때에는 보전행위를 제외하고 채무자에게 통지하여야 한다.

② **채권자취소권**(사해행위 취소권)

 ㉠ 의의: 채권자에게 해가 됨을 알면서 한 채무자의 법률행위(사해행위)를 채권자가 취소할 수 있는 권리로서, 채무자가 채권자를 해함을 알고 재산권을 목적으로 한 법률행위를 한 때에는 채권자는 그 취소 및 원상회복을 법원에 청구할 수 있다. 그러나 그 행위로 인하여 이익을 받은 자나 전득한 자가 그 행위 또는 전득 당시 채권자를 해함을 알지 못한 경우에는 채권자취소권을 행사할 수 없다.

 ㉡ 채권자취소권은 특정물에 대한 소유권이전등기청구권을 보전하거나 그 실현을 위하여 행사할 수는 없다.

 ㉢ 실체법상 권리이나 반드시 재판상 행사하여야 한다.

 ㉣ **제척기간**(除斥期間)

  ⓐ 채권자취소의 소는 채권자가 취소의 원인을 안 날로부터 1년, 법률행위가 있은 날로부터 5년 내에 제기하여야 한다(제406조 제2항).

  ⓑ '취소의 원인을 안 날'이란 채무자의 행위가 있었음을 안 날이 아니라 채무자의 행위로 책임재산의 감소 등이 있었음을 안 날을 의미하고, '법률행위가 있은 날'은 채무자가 책임재산 감소의 원인행위를 한 날을 의미한다.

용어 보충	책임재산

채권자가 채권의 만족을 얻기 위하여 채무자의 재산에 대한 강제집행을 청구할 경우, 그 청구에 의한 강제집행 방법으로 채권자에게 만족을 줄 수 있는 모든 재산을 말한다.

2. 채권의 소멸

(1) 상계

쌍방이 서로 같은 종류를 목적으로 한 채무를 부담한 경우에 그 쌍방의 채무의 이행기가 도래한 때에는 각 채무자는 대등액에 관하여 상계할 수 있다.

(2) 변제

① 변제의 제공방법

ㄱ 변제는 채무내용에 좇은 현실제공으로 이를 하여야 한다(제460조).

ㄴ 채무자의 변제에 대하여 채권자가 미리 변제받기를 거절하거나 채무의 이행에 채권자의 행위를 요하는 경우에는 변제준비의 완료를 통지하고 그 수령을 최고하면 그때부터 이행지체 책임을 면한다.

② 변제의 장소

ㄱ 채무의 성질 또는 당사자의 의사표시로 변제장소를 정하지 아니한 때에는 특정물의 인도는 채권성립 당시에 그 물건이 있던 장소에서 하여야 한다.

ㄴ 특정물 인도 이외의 채무변제는 채권자의 현주소에서 하여야 한다.

ㄷ 영업에 관한 채무의 변제는 채권자의 현 영업소에서 하여야 한다.

2 계약법 총론

1. 계약의 의의

(1) 의의

'계약'이란 서로 대립적·상대적 의사표시가 내용도 일치하고 상대방도 일치하면 성립하는 법률행위를 말한다.

(2) 계약의 성립

① 청약과 승낙에 의한 계약의 성립

ㄱ 청약: 계약 성립에 필요한 구체적·확정적 의사표시로서, 상대방의 승낙이 있으면 즉시 계약이 성립될 정도의 내용을 갖추고 있어야 한다. ⇨ 청약은 상대방 있는 의사표시로서 '정찰을 붙인 상품의 진열'은 청약으로 보는 것이 일반적이다.

ㄴ 승낙: 청약에 대하여 계약을 성립시킬 목적으로 청약을 받은 자가 계약의 성립을 인정하는 의사표시로서, 청약자에 대하여 청약의 내용과 일치하는 내용이어야 한다.

② 계약체결상의 과실책임

ㄱ 의의: 계약의 성립과정에 있어서 당사자의 일방(채무자)이 그에게 책임 있는 사유로 다른 상대방(채권자)에게 손해를 준 때에 부담하여야 할 배상책임을 말한다.

　　　ⓛ 요건
　　　　ⓐ 성립한 계약의 목적이 원시적·객관적 전부불능으로 무효여야 한다.
　　　　ⓑ 채무자에게 악의 또는 과실이 있고, 동시에 채권자에게는 선의·무과실
　　　　　및 손해의 발생을 요한다.
　　　ⓒ 효과: 계약의 유효를 믿었기 때문에 발생한 손해(신뢰이익)에 대한 손해배상
　　　　책임을 진다. 단, 계약이 유효함으로 인하여 얻었을 이익(이행이익)의 범위를
　　　　초과하지 못한다.

2. 계약의 효력

(1) 동시이행의 항변권(쌍무계약 이행상의 견련성으로 인한 효과)
　　① 의의: 쌍무계약의 당사자 일방은 상대방이 자신의 채무를 이행 또는 이행제공 없
　　　이 이행청구 시 그 이행의 제공 시까지 자신의 채무이행을 거절할 수 있는데, 이
　　　권리를 '동시이행의 항변권'이라 한다.
　　② 성립요건
　　　㉠ 동일한 쌍무계약으로부터 발생한 대가적 의미의 양 채무가 존재할 것
　　　㉡ 당사자 쌍방의 채무가 변제기에 있을 것
　　　㉢ 상대방이 자기채무의 이행 또는 그 제공 없이 이행을 청구하였을 것

(2) 위험부담
　　① 의의
　　　㉠ 쌍무계약에서 대가적 의미의 쌍방의 채무 중 일방의 채무가 그 채무자의 책임
　　　　없는 사유로 불능이 된 경우에 발생한다.
　　　㉡ 대가적 의미의 상대방의 채무도 성립하지 않는 것으로 하여 쌍방은 모두 상대
　　　　방에 대하여 채무불이행의 책임을 지지 않는다.
　　　㉢ 다만, 채무의 이행 불능으로 인한 손해를 누가 감수할 것인가에 대한 문제가
　　　　위험부담의 문제이다.
　　② 채무자의 위험부담주의(원칙)
　　　㉠ 채무자의 상대방에 대한 급부청구권의 소멸
　　　㉡ 상대방으로부터 이미 이행을 받은 급부의 반환의무 발생

③ **채권자의 위험부담주의**(예외)

　㉠ 요건

　　ⓐ 채권자의 귀책사유로 인한 이행불능인 경우

　　ⓑ 채권자 지체 중에 쌍방 모두 책임 없는 사유로 이행불능이 된 경우

　㉡ 효과

　　ⓐ 채무자는 상대방의 이행을 청구할 수 있다.

　　ⓑ 채무자는 자기의 채무를 면함으로써 이익을 얻은 때에는 이를 채권자에게 상환하여야 한다.

3. 제3자를 위한 계약

(1) 의의

① 당사자간에 계약을 체결하면서 계약의 내용에 따른 급부를 함에 있어 당사자가 아닌 제3자에게 급부를 이행할 것을 약정하는 계약을 말한다.

② 이 경우 제3자는 채무자에게 직접 그 이행을 청구할 수 있다.

③ 대체적으로 병존적 채무인수가 가장 전형적인 제3자를 위한 계약이다.

(2) 제3자를 위한 계약의 효력

① **수익자의 특정**: 제3자(수익자)는 계약성립 시에 현존·특정되어 있지 않아도 되지만, 계약이 효력을 발생하여 채무가 이행되기 위해서는 제3자가 특정되고 현존(권리능력 존재)하여야 한다.

② **계약의 목적**: 채권취득 및 물권취득을 그 목적으로 할 수 있다.

(3) 제3자의 지위(계약의 당사자가 아님)

① **기본적 지위**: 해제권이나 취소권이 없고, 보호받는 제3자에 해당하지 않는다.

② **수익의 의사표시 전 제3자의 지위**: 단순히 계약에 포함되어 있는 자로서, 현존하거나 특정될 필요가 없다.

③ **수익의 의사표시 후 제3자의 지위**: 계약의 내용에 따른 권리를 취득한다.

4. 계약의 소멸(계약의 해제·해지)

(1) 일방적 의사표시로 인한 계약의 소멸

① **법정해제**(채무불이행으로 인한 해제)

　㉠ 이행지체: 상당한 기간 동안 최고 후에도 채무자가 이행하지 않으면 채권자가 계약을 해제할 수 있다.

    ⓛ **이행불능**: 즉시 해제 가능, 즉 채권자는 이행기까지 기다릴 필요도 없고 반대급부의 이행을 제공할 필요도 없이 이행불능 즉시 계약을 해제할 수 있다.

    © **효과**

        ⓐ 계약의 해제로 계약은 소급하여 소멸함으로써 처음부터 계약이 없었던 상태로 된다.

        ⓑ 계약의 내용에 따른 급부를 이행 전이면 이행할 필요가 없으나, 이미 이행된 부분은 원상회복(받은 이익 전부의 반환)의 의무가 있다.

        ⓒ 계약의 해제는 손해배상청구에 영향을 미치지 않는다. 그러므로 상대방의 채무불이행으로 계약을 해제한 자는 계약을 해제한 후에도 자신의 손해에 대한 배상을 청구할 수 있다.

② **약정해제**

    ⊙ **계약 체결 시 당사자가 계약의 내용으로 정한 해제사유 발생 시**

        ⓐ 해제권자가 약정해제권을 행사하면 계약은 소급하여 소멸한다.

        ⓑ 당사자 쌍방은 이행 전의 급부는 이행할 필요가 없으나, 이미 이행된 부분은 원상회복의 의무가 발생한다.

        ⓒ 약정해제 사유로 계약을 해제하는 것은 채무불이행으로 인한 해제가 아니므로 손해배상의 문제는 발생하지 않는다.

    © **해약금의 약정**[제565조의 계약금(해약금)이 교부된 경우]

        ⓐ 매매의 당사자 일방이 계약 당시에 금전 기타 물건을 계약금, 보증금 등의 명목으로 상대방에게 교부한 때에는 당사자간에 다른 약정이 없는 한, 당사자의 일방이 이행에 착수할 때까지 교부자는 이를 포기하고 수령자는 그 배액을 상환하여 매매계약을 해제할 수 있다.

        ⓑ 해약금에 의한 해제는 당사자 그 누구라도 이행하기 전에 하는 것이므로 쌍방은 해제 후 원상회복의 의무가 없다.

        ⓒ 이는 채무불이행으로 인한 해제가 아니므로 손해배상의 문제는 발생하지 않는다.

(2) 쌍방적 의사표시로 인한 계약의 소멸(합의해제, 해제계약)

  ① 해제에 관한 민법 규정은 적용하지 않는다.

  ② 합의해제 시에도 계약은 소급하여 소멸하고, 그 해제의 소급효는 제3자의 권리를 침해하지 못한다.

(3) 계약해제의 소급효는 제3자의 권리를 침해하지 못한다.

01 해제에 관한 설명으로 옳지 않은 것은? (다툼이 있으면 판례에 따름)

제27회 기출

① 매도인의 소유권이전등기의무가 매수인의 귀책사유에 의해 이행불능이 된 경우, 매수인은 이를 이유로 계약을 해제할 수 있다.

② 부수적 채무의 불이행을 이유로 계약을 해제하기 위해서는 그로 인하여 계약의 목적을 달성할 수 없거나 특별한 약정이 있어야 한다.

③ 소제기로써 계약해제권을 행사한 후 나중에 그 소송을 취하한 때에는 그 행사의 효력에는 영향이 없다.

④ 당사자의 일방 또는 쌍방이 수인인 경우, 해제권이 당사자 1인에 대하여 소멸한 때에는 다른 당사자에 대하여도 소멸한다.

⑤ 일방 당사자의 계약위반을 이유로 계약이 해제된 경우, 계약을 위반한 당사자도 당해 계약이 상대방의 해제로 소멸되었음을 들어 그 이행을 거절할 수 있다.

해설 이행불능을 이유로 계약을 해제하기 위해서는 그 이행불능이 채무자의 귀책사유에 의한 경우여야만 한다 할 것이므로(민법 제546조), 매도인의 매매목적물에 관한 소유권이전의무가 이행불능이 되었다고 할지라도, 그 이행불능이 매수인의 귀책사유에 의한 경우에는 매수인은 그 이행불능을 이유로 계약을 해제할 수 없다(2000다50497).

정답 ①

3 계약법 각론

1. 매매

(1) 계약금 계약

① **의의**: 계약금 계약은 요물계약이며, 주된 매매계약의 종된 계약으로서 독립된 계약이다. 반드시 매매계약과 동시에 이루어질 필요는 없다.

② **계약금의 종류**(성질)

　㉠ **위약금**: "수수된 계약금은 위약금으로 한다."라는 특별한 약정이 있는 경우에 한해 계약금은 위약금으로서의 성질을 가진다.

　㉡ **증약금**: 계약금은 언제나 계약성립의 증거로서 증약금의 효력이 있다.

　㉢ **해약금**: 계약의 해제권을 유보하는 작용을 한다. 당사자 사이에 특별한 약정이 없는 한 계약금은 해약금으로 추정된다.

③ **해약금으로 추정**

ⓐ 반대특약이 없는 한, 교부된 계약금은 명칭에 관계없이 해약금으로 추정된다.

ⓑ 해제의 방법 및 시기: 당사자의 일방이 이행에 착수할 때까지 계약금의 교부자는 이를 포기하고 수령자는 그 배액(倍額)을 상환하여 매매계약을 해제할 수 있다.

④ **해제의 효과**

ⓐ 해약금에 의한 해제의 경우 약정해제 사유로서 계약은 소급적으로 소멸한다.

ⓑ 원상회복의무나 손해배상청구권이 발생하지 않는다.

(2) 매매

① **의의**

ⓐ 매매는 당사자 일방이 재산권의 이전을 약정하고 상대방은 그 대금의 지급을 약정함으로써 성립한다.

ⓑ 성질: 쌍무·유상·불요식·낙성계약이다.

② **매도인의 담보책임의 유형**

ⓐ 권리의 하자에 대한 매도인의 담보책임

ⓑ 물건의 하자에 대한 매도인의 담보책임

ⓒ 경매에 있어서의 매도인의 담보책임

ⓓ 채권에 있어서의 매도인의 담보책임

2. 임대차

(1) 의의

① 임대인이 목적물을 사용·수익하게 할 것을 약정하고 임차인이 차임을 지급할 것을 약정하여 성립하는 쌍무·유상·불요식·낙성계약이며, 계속적 채권계약이다.

② **보증금계약**

ⓐ 보증금계약은 임대차관계에서 발생하는 임차인의 모든 채무를 담보하기 위해 체결하는 계약으로, 임대차와 독립된 계약이고 임대차의 종된 계약이다.

ⓑ 보증금은 임대차의 성립요건이 아니나, 차임 지급은 임대차의 성립요건이다.

(2) 임대인의 의무

① 임대인은 임차인으로 하여금 임대차 목적에 따라 목적물을 사용·수익할 수 있도록 제공할 적극적 의무가 있다.

② 임대인은 임대차 계속 중 목적물의 유지·보수 등 목적물의 사용·수익이 가능한 상태를 유지할 의무가 있다.

(3) 임차인의 권리

① **비용상환청구권**(제626조, 임의규정)
  ㉠ 임차인이 임차물의 보존에 관한 필요비를 지출한 때에는 임대인에 대하여 그 상환을 청구할 수 있다.
  ㉡ 임차인이 유익비를 지출한 경우에는 임대인은 임대차 종료 시에 그 가액의 증가가 현존한 때에 한하여 임차인이 지출한 금액이나 그 증가액을 상환하여야 한다. 이 경우에 법원은 임대인의 청구에 의하여 상당한 상환기간을 허여할 수 있다.

② **토지 임차인의 지상물매수청구권**
  ㉠ 지상에 건물 기타 공작물의 소유 또는 식목, 채염, 목축을 목적으로 한 토지 임대차가 기간 만료로 소멸하고 지상물이 현존하는 경우, 임차인의 계약 갱신청구가 거절되면 임차인은 지상물의 매수청구권을 행사할 수 있고, 이 경우 지상물에 대한 매수청구 당시 시가상당액으로 매매계약이 성립한다.
  ㉡ 존속기간의 정함이 없는 임대차의 임대인의 해지통고로 임대차가 종료된 경우도 또한 같다.

③ **건물 임차인의 부속물매수청구권**
  ㉠ 건물의 임대차가 존속기간 만료로 종료되는 경우에 임대인의 동의를 얻어 부속하거나 임대인으로부터 매수한 부속물에 대하여 매수청구권(형성권으로서 편면적 강행규정)을 행사할 수 있다.
  ㉡ 다만, 임대차계약 시 임차인이 자신의 비용으로 증축한 부분을 임대인 소유로 하기로 약정하였다면 이는 임차인의 원상회복의무를 면하기로 하는 특약으로서 그 유효성을 인정할 수 있다.

이렇게 출제!

02 임차인의 유익비상환청구권에 관한 설명으로 옳지 않은 것은? (다툼이 있으면 판례에 따름)

제21회 기출

① 임차인은 임대차가 종료하기 전에는 유익비 상환을 청구할 수 없다.

② 임대인은 임차인의 선택에 따라 지출한 금액이나 가치증가액을 상환하여야 한다.

③ 유익비상환청구권은 임대인이 목적물을 반환받은 날로부터 6개월 내에 행사하여야 한다.

④ 임대인에게 비용 상환을 요구하지 않기로 약정한 경우, 임차인은 유익비 상환을 청구할 수 없다.

⑤ 임대인이 유익비를 상환하지 않으면, 임차인은 특별한 사정이 없는 한 임대차 종료 후 임차목적물의 반환을 거절할 수 있다.

해설 임차인이 유익비를 지출한 경우에는 임대인은 임대차 종료 시에 그 가액의 증가가 현존한 때에 한하여 임차인의 지출한 금액이나 그 증가액을 상환하여야 한다(제626조 제2항).

정답 ②

3. 도급

(1) 의의

① **쌍무계약**: 도급은 당사자 일방이 어느 일을 완성할 것을 약정하고 상대방이 그 일의 결과에 대하여 보수를 지급할 것을 약정함으로써 그 효력이 생긴다.

② **보수의 지급시기**

㉠ 보수는 그 완성된 목적물의 인도와 동시이행관계에 있다.

㉡ 목적물의 인도를 요하지 아니하는 경우에는 그 일을 완성한 후 지체 없이 보수를 지급하여야 한다.

(2) 도급계약 수급인의 담보책임

① **완성된 목적물 또는 완성 전의 성취된 부분에 하자가 있는 때**

㉠ 상당한 기간을 정하여 하자보수 또는 손해배상을 청구할 수 있다.

㉡ 하자보수와 손해배상을 동시에 청구할 수도 있다.

㉢ 하자가 중요하지 아니하고 그 보수에 과다한 비용을 요할 때에는 하자보수는 청구할 수 없고 손해배상만 청구할 수 있다.

㉣ 손해배상청구의 배상액 결정기준 시점

ⓐ 하자보수와 손해배상을 동시에 청구하는 경우: 하자보수청구 시점을 기준으로 손해배상액을 결정한다.

ⓑ 손해배상만을 청구하는 경우: 손해배상청구 시를 기준시점으로 한다.

ⓜ 수급인의 하자의 보수와 도급인의 공사대금의 지급은 특별한 사정이 없는 한 동시이행관계에 있다.

ⓗ 수급인의 공사대금채권이 목적물 하자로 인한 도급인의 손해배상채권액을 초과하는 경우, 도급인은 공사대금 중 하자보수로 인한 손해배상액과 동액의 범위 내에서 동시이행의 항변권을 행사할 수 있다(판례).

② **하자로 인하여 계약의 목적을 달성할 수 없을 때**

㉠ 도급인은 계약을 해제할 수 있다.

㉡ 건물 기타 토지의 공작물은 계약의 목적을 달성할 수 없는 경우에도 해제하지 못하고 손해배상을 청구할 수 있을 뿐이다. ⇨ 해제로 인한 철거 시 사회경제적으로 발생하는 손실을 감안한 제도이다.

(3) 도급계약의 종료

① **도급인의 계약해제권**: 수급인이 일을 완성하기 전에는 도급인은 수급인의 손해를 배상하고 계약을 해제할 수 있다.

② 도급인의 파산 시 수급인 또는 파산관재인은 계약을 해제할 수 있다.

이렇게 출제!

03 도급계약에 관한 설명으로 옳지 않은 것은?   제26회 기출

① 목적물의 인도를 요하지 않는 경우, 보수(報酬)는 수급인이 일을 완성한 후 지체 없이 지급하여야 한다.

② 하자보수에 관한 담보책임이 없음을 약정한 경우에는 수급인이 하자에 관하여 알고서 고지하지 아니한 사실에 대하여 담보책임이 없다.

③ 수급인이 일을 완성하기 전에는 도급인은 손해를 배상하고 계약을 해제할 수 있다.

④ 완성된 목적물의 하자가 중요하지 않은 경우, 그 보수(補修)에 과다한 비용을 요할 때에는 하자의 보수(補修)를 청구할 수 없다.

⑤ 부동산공사의 수급인은 보수(報酬)에 관한 채권을 담보하기 위하여 그 부동산을 목적으로 한 저당권설정청구권을 갖는다.

해설 수급인은 제667조, 제668조의 담보책임이 없음을 약정한 경우에도 알고 고지하지 아니한 사실에 대하여는 그 책임을 면하지 못한다(제672조).

정답 ②

---

4. 위임

(1) 의의

① 위임은 당사자 일방이 상대방에 대하여 사무의 처리를 위탁하고 상대방이 이를 승낙함으로써 그 효력이 생긴다.

② 편무·무상계약이 원칙이나, 보수 약정을 하면 쌍무·유상계약으로 본다.

③ **수임인의 선관주의 의무**

　㉠ 수임인은 위임의 취지에 따라 선량한 관리자의 주의로써 위임사무를 처리하여야 한다. ⇨ 대가의 유무, 보수의 다과 불문

　㉡ 복위임의 제한: 수임인은 위임인의 승낙이나 부득이한 사유 없이 제3자로 하여금 자기에 갈음하여 위임사무를 처리하게 하지 못하며, 복위임의 경우에도 그 감독책임을 면치 못한다.

(2) 수임인의 권리

① **보수청구권**: 수임인은 특별한 약정이 없으면 위임인에 대하여 보수를 청구하지 못한다.

② **비용의 선급의무**: 위임사무의 처리에 비용을 요하는 때에는 위임인은 수임인의 청구에 의하여 이를 선급하여야 한다.

③ **수임인의 비용상환청구권 등**

　㉠ 수임인이 위임사무의 처리에 관하여 필요비를 지출한 때에는 위임인에 대하여 지출한 날 이후의 이자를 청구할 수 있다.

　㉡ 수임인이 위임사무의 처리에 필요한 채무를 부담한 때에는 위임인에게 자기에 갈음하여 이를 변제하게 할 수 있고, 그 채무가 변제기에 있지 아니한 때에는 상당한 담보를 제공하게 할 수 있다.

　㉢ 수임인이 위임사무의 처리를 위하여 과실 없이 손해를 받은 때에는 위임인에 대하여 그 배상을 청구할 수 있다.

(3) 수임인의 취득물 등의 인도·이전의무

① 수임인은 위임사무의 처리로 인하여 받은 금전 기타의 물건 및 그 수취한 과실을 위임인에게 인도하여야 한다. ⇨ 수임인은 과실수취권이 없다.

② 수임인이 위임인을 위하여 자기의 명의로 취득한 권리는 위임인에게 이전하여야 한다. ⇨ 반환 범위는 위임 종료 시를 기준으로 결정한다.

③ **수임인의 금전소비의 책임**: 수임인이 위임인에게 인도할 금전 또는 위임인의 이익을 위하여 사용할 금전을 자기를 위하여 소비한 때에는 소비한 날 이후의 이자를 지급하여야 하며, 그 외의 손해가 있으면 배상하여야 한다.

(4) 위임의 종료

① 위임의 상호 해지

㉠ 위임계약은 각 당사자가 언제든지 해지할 수 있다.

㉡ 당사자 일방이 부득이한 사유 없이 상대방의 불리한 시기에 계약을 해지한 때에는 그 손해를 배상하여야 한다.

② 위임은 당사자 중 한쪽의 사망 또는 파산으로 종료된다.

③ 수임인이 성년후견의 개시 심판을 받은 때에도 위임은 종료된다.

이렇게 출제!

04 위임계약에 관한 설명으로 옳지 않은 것은?　　　　제22회 기출

① 수임인은 보수의 약정이 없는 경우에도 선량한 관리자의 주의의무를 진다.

② 위임인은 수임인이 위임사무의 처리에 필요한 비용을 미리 청구한 경우 이를 지급하여야 한다.

③ 무상위임의 수임인이 위임사무의 처리를 위하여 과실 없이 손해를 받은 때에는 위임인에 대하여 그 배상을 청구할 수 있다.

④ 수임인이 부득이한 사정에 의해 위임사무를 처리할 수 없게 된 경우, 제3자에게 그 사무를 처리하게 할 수 있다.

⑤ 수임인이 위임인의 승낙을 얻어서 제3자에게 위임사무를 처리하게 한 경우, 위임인에 대하여 그 선임감독에 관한 책임이 없다.

해설 수임인이 위임인의 승낙을 얻어서 제3자에게 위임사무를 처리하게 한 경우, 위임인에 대하여 그 선임감독에 관한 책임이 있다. 즉, 임의대리인의 복대리인 선임과 그 책임의 내용이 동일하다.

정답 ⑤

---

4 기타채권관계(부당이득·불법행위)

1. 부당이득(不當利得)

(1) 의의

① '부당이득'은 법률상의 원인 없이 부당하게 타인의 재산이나 노무에 의하여 재산적 이익을 얻고, 이로 말미암아 타인에게 손해를 준 경우를 말한다.

② 부당이득이 발생하면 이득자는 원칙적으로 손실을 받은 자에 대하여 그 이익을 반환하는 의무를 진다.

(2) 부당이득의 반환 범위

① **선의의 경우**: 현존이익을 반환하여야 한다(제748조 제1항).

② **악의의 경우**: 받은 이익 전부에 이자를 붙여 반환하고, 그 외에 손해가 있으면 그것도 배상하여야 한다(제748조 제2항).

    ㉠ 수익자가 이익을 받은 후 법률상 원인 없음을 안 때에는 그때부터 악의의 수익자로서 이익반환의 책임이 있다.

    ㉡ 선의의 수익자가 패소한 때에는 그 소를 제기한 때부터 악의의 수익자로 본다.

(3) 부당이득 반환에 관한 특칙

① **비채변제**: 채무가 없음에도 변제하는 것을 말한다.

    ㉠ 원칙: 부당이득이 성립되어 부당이득 반환의 문제가 발생한다.

    ㉡ 예외(반환청구권이 생기지 않는 경우)

        ⓐ 채무가 없음을 알면서 변제한 경우: 불합리한 행동을 보호할 필요가 없기 때문에 반환청구권이 생기지 않는다(제742조).

        ⓑ 기한 전의 채무변제(제743조)

            • 변제기에 있지 아니한 채무를 변제한 때에는 그 반환을 청구하지 못한다.

            • 그러나 채무자가 착오로 인하여 변제한 때에는 채권자는 이로 인하여 얻은 이익(기간의 이자상당액)을 반환하여야 한다.

② **타인의 채무의 변제**(제745조)

    ㉠ 채무자 아닌 자가 착오로 인하여 타인의 채무를 변제한 경우에 채권자가 선의로 증서를 훼멸하거나 담보를 포기하거나 시효로 인하여 그 채권을 잃은 때에는 변제자는 그 반환을 청구하지 못한다.

    ㉡ 채무자 아닌 자가 타인의 채무를 변제한 경우에 변제자는 채무자에 대하여 구상권을 행사할 수 있다.

③ **불법원인급여**: 불법의 원인으로 인하여 재산을 급여하거나 노무를 제공한 때에는 그 이익의 반환을 청구하지 못한다. 그러나 그 불법원인이 수익자에게만 있는 때에는 그러하지 아니하다(제746조).

2. 불법행위

(1) 의의

① '불법행위'는 행위자의 고의 또는 과실로 인한 위법행위로, 타인에게 손해를 가하는 행위를 말한다.

② 불법행위는 채무불이행과 함께 손해배상청구권의 중요한 발생 원인이 된다.

(2) 효과

① 불법행위로 인해 피해자에게 생긴 손해는 가해자가 배상해야 한다(제750조).

② **재산 이외의 손해의 배상**: 타인의 신체, 자유 또는 명예를 해하거나 기타 정신상 고통을 가한 자는 재산 이외의 손해에 대하여도 배상할 책임이 있다(제751조 제1항).

③ **미성년자의 책임능력**: 미성년자가 타인에게 손해를 가한 경우에 그 행위의 책임을 변식할 지능이 없는 때에는 배상의 책임이 없다(제753조).

④ **사용자의 배상책임**

　㉠ 타인을 사용하여 어느 사무에 종사하게 한 자는 피용자가 그 사무집행에 관하여 제3자에게 가한 손해를 배상할 책임이 있다. 그러나 사용자가 피용자의 선임 및 그 사무감독에 상당한 주의를 한 때 또는 상당한 주의를 하여도 손해가 있을 경우에는 그러하지 아니하다(제756조 제1항).

　㉡ 사용자에 갈음하여 그 사무를 감독하는 자도 손해배상의 책임이 있다(제756조 제2항).

　㉢ 사용자 또는 감독자가 피해자에게 배상한 경우에 사용자 또는 감독자는 피용자에 대하여 구상권을 행사할 수 있다(제756조 제3항).

⑤ **도급인의 책임**: 도급인은 수급인이 그 일에 관하여 제3자에게 가한 손해를 배상할 책임이 없다. 그러나 도급 또는 지시에 관하여 도급인에게 중대한 과실이 있는 때에는 그러하지 아니하다.

⑥ **공작물 등의 점유자·소유자의 책임**(제758조)

　㉠ 공작물의 설치 또는 보존, 수목의 재식 또는 보존의 하자로 인하여 타인에게 손해를 가한 때에는 공작물 점유자가 손해를 배상할 책임이 있다. 그러나 점유자가 손해의 방지에 필요한 주의를 해태하지 아니한 때에는 그 소유자가 손해를 배상할 책임이 있다.

　㉡ 점유자 또는 소유자가 손해를 배상한 경우에 점유자 또는 소유자는 그 손해의 원인에 책임이 있는 자에 대하여 구상권을 행사할 수 있다.

⑦ **동물의 점유자의 책임**(제759조)

　㉠ 동물의 점유자는 그 동물이 타인에게 가한 손해를 배상할 책임이 있다. 그러나 동물의 종류와 성질에 따라 그 보관에 상당한 주의를 해태하지 아니한 때에는 그러하지 아니하다.

　㉡ 점유자에 갈음하여 동물을 보관한 자도 손해배상의 책임이 있다.

(3) 명예훼손의 경우의 특칙(제764조)

① 타인의 명예를 훼손한 자에 대하여 법원은 피해자의 청구에 의하여 손해배상에 갈음하거나 손해배상과 함께 명예회복에 적당한 처분을 명할 수 있다.

② '명예회복에 적당한 처분'에 사죄광고를 포함시키는 것은 「헌법」에 위반된다.

(4) 공동불법행위 책임(교사자나 방조자는 공동행위자로 봄)

① 수인이 공동의 불법행위로 타인에게 손해를 가한 때에는 연대하여 그 손해를 배상할 책임이 있다.

② 공동 아닌 수인의 행위 중 어느 자의 행위가 그 손해를 가한 것인지 알 수 없는 때에도 연대하여 그 손해를 배상할 책임이 있다.

③ 피용자와 제3자가 공동불법행위로 피해자에게 손해를 가하여 그 손해배상채무를 부담하는 경우에 피용자와 제3자는 공동불법행위자로서 서로 부진정연대관계에 있고, 한편 사용자의 손해배상책임은 피용자의 배상책임에 대한 대체적 책임이어서 사용자도 제3자와 부진정연대관계에 있다고 보아야 한다.

④ 사용자가 피용자와 제3자의 책임비율에 의하여 정해진 피용자의 부담 부분을 초과하여 피해자에게 손해를 배상한 경우에 사용자는 제3자에 대하여도 구상권을 행사할 수 있다.

중요 개념 확인하기!

❶ 계약해제에 따라 원상회복을 하는 경우, 받은 것이 금전인 경우 그 받은 날로부터 이자를 가산하여야 한다.   ○ | ✕

❷ 임대인에게 비용 상환을 요구하지 않기로 약정한 경우, 임차인은 유익비 상환을 청구할 수 없다.   ○ | ✕

❸ 완성된 건물에 하자가 있는 경우, 계약목적을 달성할 수 없더라도 도급인은 계약을 해제할 수 없다.   ○ | ✕

❹ 당사자 일방이 상대방의 불리한 시기에 위임계약을 해지하는 경우, 부득이한 사유가 있더라도 그 손해를 배상해야 한다.   ○ | ✕

① ○ ② ○ ③ ○ ④ ✕ 위임계약은 당사자가 언제든지 해지할 수 있고, 당사자 일방이 상대방의 불리한 시기에 위임계약을 해지하더라도 부득이한 사유가 있다면 그 손해를 배상할 필요가 없다.

삶의 순간순간이
아름다운 마무리이며
새로운 시작이어야 한다.

– 법정 스님

memo

memo

memo

2025 에듀윌 주택관리사 1차 기초서

발 행 일	2024년 7월 26일 초판
편 저 자	윤재옥, 김건일, 신의영
펴 낸 이	양형남
펴 낸 곳	(주)에듀윌
등록번호	제25100-2002-000052호
주 소	08378 서울특별시 구로구 디지털로34길 55
	코오롱싸이언스밸리 2차 3층

www.eduwill.net
대표전화 1600-6700

여러분의 작은 소리
에듀윌은 크게 듣겠습니다.

본 교재에 대한 여러분의 목소리를 들려주세요.
공부하시면서 어려웠던 점, 궁금한 점,
칭찬하고 싶은 점, 개선할 점, 어떤 것이라도 좋습니다.
에듀윌은 여러분께서 나누어 주신 의견을
통해 끊임없이 발전하고 있습니다.

에듀윌 도서몰 book.eduwill.net
• 부가학습자료 및 정오표: 에듀윌 도서몰 → 도서자료실
• 교재 문의: 에듀윌 도서몰 → 문의하기 → 교재(내용, 출간) / 주문 및 배송

11,000여 건의
생생한 후기

한○수 합격생

에듀윌로 합격과 취업 모두 성공

저는 1년 정도 에듀윌에서 공부하여 합격하였습니다. 수많은 주택관리사 합격생을 배출해 낸 1위 기업이라는 점 때문에 에듀윌을 선택하였고, 선택은 틀리지 않았습니다. 에듀윌에서 제시하는 커리큘럼은 상대평가에 최적화되어 있으며, 나에게 맞는 교수님을 선택할 수 있었기 때문에 만족하며 공부를 할 수 있었습니다. 또한 합격 후에는 에듀윌 취업지원센터의 도움을 통해 취업까지 성공할 수 있었습니다. 에듀윌만 믿고 따라간다면 합격과 취업 모두 문제가 없을 것입니다.

박○현 합격생

20년 군복무 끝내고 주택관리사로 새 출발

육군 소령 전역을 앞두고 70세까지 전문직으로 할 수 있는 제2의 직업이 뭘까 고민하다가 주택관리사 시험에 도전하게 됐습니다. 주택관리사를 검색하면 에듀윌이 가장 먼저 올라오고, 취업까지 연결해 주는 프로그램이 잘 되어 있어서 에듀윌을 선택하였습니다. 특히, 언제 어디서나 지원되는 동영상 강의와 시험을 앞두고 진행되는 특강, 모의고사가 많은 도움이 되었습니다. 거기에 오답노트를 만들어서 틈틈이 공부했던 것까지가 제 합격의 비법인 것 같습니다.

이○준 합격생

에듀윌에서 공인중개사, 주택관리사 준비해 모두 합격

에듀윌에서 준비해 제27회 공인중개사 시험에 합격한 후, 취업 전망을 기대하고 주택관리사에도 도전하게 됐습니다. 높은 합격률, 차별화된 학습 커리큘럼, 훌륭한 교수진, 취업지원센터를 통한 취업 연계 등 여러 가지 이유로 다시 에듀윌을 선택했습니다. 에듀윌 학원은 체계적으로 학습 관리를 해 주고, 공부할 수 있는 공간이 많아서 좋았습니다. 교수님과 자기 자신을 믿고, 에듀윌에서 시작하면 반드시 합격할 수 있습니다.

다음 합격의 주인공은 당신입니다!

더 많은
합격 비법

1위 에듀윌만의
체계적인 합격 커리큘럼

원하는 시간과 장소에서, 1:1 관리까지 한번에
온라인 강의

① 전 과목 최신 교재 제공
② 업계 최강 교수진의 전 강의 수강 가능
③ 교수진이 직접 답변하는 1:1 Q&A 서비스

쉽고 빠른 합격의 첫걸음 합격필독서 무료 신청

최고의 학습 환경과 빈틈 없는 학습 관리
직영학원

① 현장 강의와 온라인 강의를 한번에
② 합격할 때까지 온라인 강의 평생 무제한 수강
③ 강의실, 자습실 등 프리미엄 호텔급 학원 시설

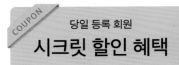

COUPON 당일 등록 회원
시크릿 할인 혜택

설명회 참석 당일 등록 시 특별 수강 할인권 제공

에듀윌 직영학원에서
합격을 수강하세요

언제나 전문 학습 매니저와 상담이 가능한 안내데스크

고품질 영상 및 음향 장비를 갖춘 최고의 강의실

재충전을 위한 카페 분위기의 아늑한 휴게실

에듀윌의 상징 노란색의 환한 학원 입구

에듀윌 직영학원 대표전화

공인중개사 학원 02)815-0600	공무원 학원 02)6328-0600	편입 학원 02)6419-0600
주택관리사 학원 02)815-3388	소방 학원 02)6337-0600	세무사·회계사 학원 02)6010-0600
전기기사 학원 02)6268-1400	부동산아카데미 02)6736-0600	

주택관리사 학원
바로가기